华东师范大学电竞产业发展研究中心 组编
E-sports Industrial Development Research Center

U0365752

电子竞技赛事策划与执行

主 编◎马成国
副主编◎曾健博

华东师范大学出版社
·上海·

图书在版编目(CIP)数据

电子竞技赛事策划与执行/马成国主编. —上海:华东师范大学出版社,2023

ISBN 978－7－5760－4587－1

Ⅰ.①电… Ⅱ.①马… Ⅲ.①电子游戏－运动竞赛－策划 Ⅳ.①G898.373

中国国家版本馆 CIP 数据核字(2023)第 247250 号

电子竞技赛事策划与执行

主　　编　马成国
责任编辑　皮瑞光
特约审读　王　海
责任校对　周跃新　时东明
装帧设计　俞　越

出版发行　华东师范大学出版社
社　　址　上海市中山北路 3663 号　邮编 200062
网　　址　www.ecnupress.com.cn
电　　话　021－60821666　行政传真 021－62572105
客服电话　021－62865537　门市(邮购)电话 021－62869887
地　　址　上海市中山北路 3663 号华东师范大学校内先锋路口
网　　店　http://hdsdcbs.tmall.com

印 刷 者　上海新华印刷有限公司
开　　本　787 毫米×1092 毫米　1/16
印　　张　15
字　　数　323 千字
版　　次　2024 年 1 月第 1 版
印　　次　2025 年 1 月第 2 次
书　　号　ISBN 978－7－5760－4587－1
定　　价　55.00 元

出 版 人　王　焰

前　言
PREFACE

党的二十大报告指出"促进群众体育和竞技体育全面发展",深刻阐明了中国建设体育强国的战略目标,就是要全面发展,不仅群众体育、竞技体育,还有体育产业、体育文化等都要发展,才能实现体育强国的战略目标。

电子竞技作为在 21 世纪迅速崛起的世界性文化现象,电子竞技赛事正深刻影响着世界体育赛事的发展进程。从 2020 年亚奥理事会宣布电子竞技项目为亚运会正式比赛项目,到 2021 年国际奥委会宣布举办名为"Olympic Virtual Series"的一系列虚拟体育赛事,再到 2022 年杭州亚运会电竞比赛项目的火爆人气,可以看到随着人类科技和生产力的发展,电子竞技赛事将不断迎来新项目和新赛事。

近年来电子竞技赛事发展十分迅速,我国多个城市纷纷举办不同层级赛事,上海、重庆等多地政府全力创建"电竞之都",打造高水平电子竞技赛事旅游目的地。但伴随着我国电子竞技赛事的快速发展,专业赛事策划执行人才匮乏逐渐成为影响电子竞技赛事发展的主要瓶颈。当前我国研究电子竞技赛事的专家学者缺少电子竞技从业经历,而电子竞技赛事从业者又缺乏学术研究能力。为使电子竞技赛事发展理论与实践高度融合,华东师范大学电子竞技产业发展研究中心邀请了相关高校的赛事专家学者、电子竞技赛事专家和 LGD 电竞俱乐部等知名行业领导共同编写了这本电子竞技赛事教材,以便电子竞技专业学生、从业者和管理者获得系统的赛事策划执行知识,为赛事执行流程提供专业指导。

本书分为 7 个模块。在学习电子竞技赛事策划前,还是要对相关背景有一个总体的了解,所以模块 1 对体育赛事和电子竞技赛事进行了概述。模块 2 阐述了电子竞技赛事运营,这一模块起到统领全书的作用,讲了电子竞技企业的运营内容、组织架构等知识。模块 3 到模块 7,列出了大量案例,并融合了体育赛事和商业统计学、市场营销学等多学科知识,详细阐述了电子竞技赛事的策划执行过程。重视多学科融合是本书特点,编者相信融合贯通多个专业领域知识,可以提高本书的专业性和应用性。本书可以作为相关学科的专业教材、行业的培训教材和从业人员的参考书籍。

本书由马成国主编,曾健博副主编,参与编写人员有王奇、杨逸箫、王芃、黄侃、任冰、欧波涛、肖磊。在本书即将付梓时,对给予支持和帮助的个人和单位表示诚挚的谢意。

对于快速发展的电子竞技赛事而言,赛事人才数量和技能不足直接影响赛事的高质量发展。赛事专业人才培养是一个长期的过程。我们希望本书能够从行业实践出发，结合赛事学科发展前沿，填补国内电子竞技赛事策划执行的空白。同时，限于编者的经验和水平，如有不足与不妥之处，恳请读者提出宝贵的建议，以便我们未来不断对本书进行修订。

作　者

2023 年 10 月

目 录
CONTENTS

模块 3　电子竞技赛事策划

模块 4　电子竞技赛事赞助招商

模块5　电子竞技赛事营销

模块6　电子竞技赛事执行

模块7　电子竞技赛事后续

模块 1　体育赛事与电子竞技赛事概述

项目1
体育溯源与发展趋势

知识目标

（1）了解体育的内涵与外延

（2）学会区分体育与运动的概念

开篇案例

小张高中毕业后选择了学习某大学的电子竞技运动与管理专业。今天是开学第一天，酷爱电子竞技的他对开学第一课满怀憧憬，可是他发现老师并没有讲电竞知识，而是讲起了"体育知识"。老师看出了他的困惑，于是笑着说："电子竞技赛事也属于一项体育赛事，我们只有充分理解了体育的概念，才能对电子竞技赛事有一个完整的认识。"听到这里小张恍然大悟，带着浓厚的兴趣进入接下来的课程学习。

◉ 任务1　体育的内涵与外延

任务目标

（1）了解体育的内涵与外延

（2）理解体育发展的历史动因

任务描述

了解体育发展的脉络有助于加深我们对电子竞技的理解。

1.1　体育的历史溯源

14—16世纪，随着欧洲经济的复苏和生产力的发展，城市的兴起和生活水平的提高，新兴的资产阶级开始反抗教会控制精神世界。随着近代西欧文艺复兴、宗教改革和启蒙运动的思想解放运动与新文化运动的影响，人们开始追求"人文主义"精神，反对"神学主义"思想，肯定人的价值和尊严，提出"以人为中心"，反对"以神为中心"，主张人生的目的是追求现实生活中的幸福，倡导"个性"解放。因此，文艺复兴把人类带入了自觉审视自身的新阶段，人的生活乃至人的身体逐渐被对象化探索，逐步成为人类认识甚至改造的对象。

18—19世纪初，英国工业革命的发展，为资本主义制度提供了物质基础，同时也促进了文化教育和科学技术的进步，极大地扩展了人类的认知能力，体育活动与人类身体变化的关系及其规律逐步被揭示。人类不仅自觉地运用体育活动，而且能利用对体育活动的科学认识有意识地设计、改革和完善"身体"自然，科学化成为这个时代体育的基本特征，在这个背景下产生和发展了现代体育。

　　鸦片战争以后,中国社会和体育开始了它们艰难的现代化之路[①]。现代体育是科学的体育和自为的体育,无论在宏观对社会还是在微观对个人意义上,体育都已经成为人类有意识、有目的、有计划的行为,其基础是工业革命、科学技术和全球化的发展。综观体育的历史,体育的产生与发展经历了一个漫长的从自发、自在、自觉逐渐发展到自为的复杂过程。

1.2 体育的内涵溯源

　　体育虽然有悠久的历史,但是"体育"一词却出现得较晚。因为在"体育"一词出现前,世界各国对体育活动的称谓都不相同。"体育"一词在含义上也有一个演化过程。它刚传入我国时是作为教育的一部分出现的。体育是指身体的教育,是一种与维持和发展身体的各种活动有关联的教育过程。在古希腊游戏、角力、体操等曾被列为教育内容。17—18世纪,西方的教育中也加进了打猎、游泳、爬山、赛跑、跳跃等活动,只是当时尚无统一的名称。

　　1762年,卢梭在法国出版了《爱弥尔》一书,使用"Physical Education"一词来描述对爱弥尔进行身体的养护、培养和训练等身体教育的过程。由于书中激烈地批判了当时的教会教育,因此"Physical Education"一词同时也在世界逐渐流传开来,并在世界引起很大反响。由此可见"体育"的最初概念产生于"教育",它是教育体系中的一个专门领域。

　　18世纪末,德国的古茨穆茨曾把一些活动分类与综合,统称为"体操"。进入19世纪,一方面德国形成了新的体操体系,并广泛传播于欧美各国,另一方面相继出现了多种新的运动项目。在学校也逐渐开展了超出原来体操范围的更多的运动项目,建立起"Physical Education"即"以身体活动为手段的教育"这一新概念。于是,在相当长的一段时间里,"体操"和"体育"两个词并存,相互混用,直到20世纪初才逐渐在世界范围内统一称为"Physical Education"。

　　日本对"Physical Education"一词的了解认识,经历了从译作"身体教育""体教"和"身教",直到在19世纪70年代完成译作"体育"的变化认识过程。中文的"体育"一词,最早见于20世纪初的清末。当时,我国有大批留学生东渡去日本求学,仅1901年至1906年间,就有1.3万多人。1902年左右,一些赴日留学生回国后,将"体育"一词引入中国。1904年在《湖北幼稚园开办章程》中提到对幼儿进行全面教育时说:保全身体之健旺,体育发达基地。1905年在《湖南蒙养院教课说略》上也提到:体育功夫,体操发达其表,乐歌发达其里。1906年上海创办了最早的体育团体"沪西士商体育会"。1907年我国著名女革命家秋瑾在绍兴也创办了体育会。同年,清王朝学部的奏折中也开始有"体育"这个词。

　　19世纪初,世界上教育发达的国家都普遍使用了"Physical Education"一词。而我国由于闭关自守,直到19世纪中叶,德国和瑞典的体操传入中国,随后清政府在兴办的"洋学堂"中设置了"体操课"。随着西方文化不断涌入我国,学校体育的内容也从单一的体操向多元

---

① 谭华.体育史[M].北京:高等教育出版社,2009.

化发展，课堂上出现了篮球、田径、足球等。许多有识之士提出必须厘清概念层次，不能把学校体育课称之为体操课了。1923 年，在《中小学课程纲要草案》中，正式把"体操课"改为"体育课"，目的是通过身体教育，使学生提高身体运动能力，由"臣民"向"公民"转变，培养作为"新民"的青少年学生应该具备的综合素质之一。

○ 任务 2　体育与运动的概念辨析

任务目标

（1）了解体育的概念

（2）理解体育与运动的区别

任务描述

体育与运动是一个双生话题，两者既有区别也有千丝万缕的联系。深刻理解两者之间的联系和区别，有助于接下来课程的学习。

2.1　体育的概念

我国一般把体育定义为：体育是指一种以身体活动为基本手段，其根本目的是表现或改善身体机能和能力的实践行为。

体育事业发展的规模和水平是衡量一个国家、社会发展进步的一项重要标志，也是国家外交及文化交流的重要手段。随着我国体育事业的发展，对"体育"的内涵和外延也不断发展和丰富。从狭义的"体育"课的"小体育"，不断扩展到包含学校体育、大众体育、竞技体育、体育产业、体育文化等不同类型的"大体育"。

体育的概念并非一成不变，随着社会的发展和进步，对体育的认识也将有所发展。不少学者对"体育"概念作出了新的阐释，比较一致的看法是："体育是以身体活动为媒介，以谋求个体身心健康、全面发展为直接目的，并以培养完善的社会公民为终极目标的一种社会文化现象或教育过程。"这一定义既说明了它的本质属性，又指出了它的归属范畴，同时也把自身从与其邻近或相似的社会现象中区别出来。

综上可见，体育是一种复杂的社会文化现象，是一种宏观的概念，必须依靠具体的运动项目予以体现。体育是以身体与智力活动为基本手段，根据人体生长发育、技能形成和机能提高等规律，达到促进全面发育、改善生活方式、提高身体素质与运动能力的一种有意识、有目的、有组织的社会活动。

2.2　运动的概念

运动（sports）是在遵循确定规则的条件下，通过运用身体能力或技术完成的一项竞技性的身体活动。运动具有使人感到有趣、放松、消遣和娱乐的特点。运动项目能维持或提高人的体能和技能,参加临时性或组织性的具有竞技性的身体活动和比赛,不仅能为参与者提供乐趣,也能为观众提供娱乐。

一项运动(Sport)通常被认为是以身体能力性或身体灵活性为基础的系统活动。国际单项体育联合会总会(Global Association of International Sports Federations,简称 GAISF)判定一项运动的标准是:①具有竞争性;②对任何人绝对无害;③设备不依赖单一供应商提供;④比赛结果不依赖于任何"运气"。国际单项体育联合会总会只承认符合这一定义的运动。欧洲运动委员会使用的这一定义排除了没有身体因素的运动项目。

许多有竞争性,但无身体活动的运动被认为是智力运动。国际奥委会(通过国际象棋联合会)目前只承认国际象棋和桥牌是真正的智力运动项目,并限制了可被视为体育项目的智力运动的数量。目前国际体育联合会承认五项智力运动:桥牌、国际象棋、国际跳棋、围棋和中国象棋。

国际单项体育联合会总会把运动项目分为五种类型:①体能型运动(如橄榄球、田径等运动);②协调型运动(如台球、乒乓球等运动);③动力支持型运动(如 F1 方程赛车、摩托艇等运动);④动物支持型运动(如马术、现代五项等运动);⑤智力型运动(如国际象棋、围棋、桥牌等棋牌运动)。

运动的形式主要包括:身体活动(Physical Activity)、身体锻炼(Physical Exercise)、身体训练(Physical Training)、身体教育(Physical Education)、竞技运动(Competitive Sports)等。

运动是以身体练习为基本手段,结合日光、空气、水等自然因素和健康卫生措施,达到增强体能、增进健康、丰富文化娱乐生活等目的的一种社会活动。运动对于促进身体的正常发育和发展、提高心理健康水平、增强社会适应能力、培养全面发展的人才具有重要的作用。因此,体育与运动既有联系又有区别。运动既是体育的基本内容,又是体育的重要手段。

项目 2
体育运动的发展方向与趋势

知识目标

（1）了解体育的内涵与发展趋势

（2）了解体育赛事的概念和特征

（3）了解电竞赛事的发展方向与趋势

开篇案例

小张大学期间读的是体育人文社会学专业，今年他从大学毕业了，爱好电子竞技的他想在电竞公司工作。这天当他准备去一家知名电竞公司面试时，却在职位选择上犯了难，他想："我不是学电竞专业的，面试官会录用我吗？到底什么职位才更适合我呢？"正在他犯愁之际，小张的老师，李教授了解到了情况，对他说："电子竞技运动是时代发展的产物，也属于一种体育项目，虽然和传统体育项目有所区别，但二者之间也有千丝万缕的联系。你在大学学习到的体育知识对你在电竞公司的工作是十分有帮助的，建议你可以从宣传等工作干起，慢慢积累经验。"小张听后大受鼓舞，最后成功被电竞公司录用，在宣传部门主职文案工作。

◯ 任务 1　体育运动的发展趋势

任务目标

理解不同文明背景对体育运动产生的影响

任务描述

体育运动是时代的产物，了解不同文明的生产力和社会条件，是理解不同文明下体育运动发展状况的基础。

纵观体育运动的发展历史，体育随着人类文明和生产生活实践不断发展和创新，体育运动的内涵、外延和内容也是在不断发展与革新。每一项体育运动都是当时历史下社会生产力发展和社会变革的产物，"农耕时代"产生了田径运动，"工业时代"产生了球类运动，"电气时代"产生了赛车运动，"信息时代"产生了电子类游戏，"智能时代"产生了电子竞技运动。

1.1　农业文明中的体育

农业文明下的社会生产力和制造技术相对落后，人类为了适应当时农业生产、生活和休闲娱乐的需要，产生了农业文明社会条件下的运动项目：①展现人类自身体能的运动，如田径

（跑、跳、投等）、游泳、登山等运动；②展现人类控制器物技能的运动，如蹴鞠、藤球、毽球、滑雪等运动；③表现人类控制动物技能的运动，如赛马、赛骆驼等运动；④展现人类控制能力的运动，如拳击、射击等运动；⑤展现人类思维能力的运动，如围棋、象棋、桥牌等运动。

1.2　工业文明中的体育

第一次工业革命所开创的"蒸汽时代"（1760—1840 年），标志着农耕文明向工业文明的过渡，是人类发展史上的一个伟大奇迹。英国第一次工业革命开始的标志是瓦特改良蒸汽机，它的投入使用使人类进入了"蒸汽时代"。随后 1814 年，英国的史蒂芬孙发明了蒸汽机车，英国的大机器生产基本上取代了传统的工厂手工业，英国成为世界上第一个工业国家。

表 1.1　第一次工业革命技术发明

第一次工业革命	年度	发明人	发明
（1760—1840 年）	1785 年	英国 瓦特	蒸汽机
"蒸汽时代"	1807 年	美国 富尔顿	蒸汽船
	1814 年	英国 史蒂芬孙	蒸汽机车

第一次工业革命的标志是蒸汽机的广泛使用。资本主义由工场手工业过渡到大机器生产，它在生产领域和社会关系上引起了根本性变化，18 世纪 60 年代首先发生在英国，是从发明和使用机器开始的，到 19 世纪上半期，机器本身也用机器来生产，标志着工业革命的完成，英国之后，法、美等欧美各国也相继进行了工业革命。接着 1832 年法国的毕克西发明了手摇式直流发电机。1866 年德国的西门子发明了自励式直流发电机。1870 年比利时的格拉姆发明了环形电枢发电机。1879 年德国的卡尔·弗里特立奇·本茨等人成功地发明了第一台单缸煤气发动机。1882 年美国的戈登制造出了两相式巨型发电机。1896 年特斯拉发明了两相交流发电机。至此，实际可用的发电机问世，成为取代以蒸汽机为动力的新能源。随后，电灯、电车、电影放映机相继问世，人类进入了第二次工业革命"电气时代"。

第二次工业革命（1840—1950 年）使得电力、钢铁、铁路、化工、汽车等重工业兴起，石油成为新能源，并促使交通迅速发展，世界各国的交流更为频繁，并逐渐形成一个全球化的国际政治、经济体系。体育中也相继发明了电机型的运动，如汽车 F1 方程赛车、摩托赛车和摩托艇，以及海空模型运动等运动项目。

1870 年以后，第二次工业革命极大地推动了生产力的发展，由此产生的各种新技术和发明被应用于各种工业生产领域，促进体育器材与设备的革新与发展，对人类社会的体育发展产生了深远的影响。同时，在第二次工业革命中出现的由内燃机驱动的新兴工业，如电力电器、石油化工、汽车业、远洋轮船业、飞机工业等得到了迅速发展，使人们有更多的休闲和运动时间，也促进国际奥运会在全球举办与流行。

表 1.2 第二次工业革命技术发明

第二次工业革命	年度	发明人	发明
(1840—1950 年)			
"电气时代"	1854 年	德国 亨利·戈培尔	碳丝通电发光
	1866 年	德国 西门子	自励式直流发电机
	1870 年	比利时 格拉姆	环形电枢发电机
	1879 年	德国 卡尔·本茨	单缸煤气发动机
	1879 年	美国 爱迪生	电灯
	1882 年	美国 戈登	两相式巨型发电机
	1885 年	德国 卡尔·本茨	三轮汽车
	1896 年	美国 特斯拉	两相交流发电机
	1899 年	意大利 马可尼	无线电通信
	1903 年	美国 莱特兄弟	飞机

　　18 世纪中叶以来,人类历史上先后发生了三次工业革命,发源于以英国为首的欧洲国家及北美洲国家,并由他们所创新和主导。

　　第一次工业革命时期,许多技术发明都来源于工匠的实践经验,科学和技术尚未真正结合。而在第二次工业革命期间,自然科学的新发明和新创造,开始同工业生产紧密地结合起来,科学与技术在推动体育的发展方面发挥重要的作用,体育与科技的结合使体育运动无论是运动类型、内容和设施器材都得到了巨大的发展,尤其是橡胶和塑料工业的发展,以及制造工艺和水平的提升,促进了球类运动器材的材料革新,从而推动了现代新兴球类运动项目的发明与兴起。从 1788 年板球运动,到 1919 年的手球运动项目,共新发明了 21 项球类,其中英国发明 15 项,美国发明 4 项,加拿大发明 1 项,德国发明 1 项(如图 1.1 所示)。

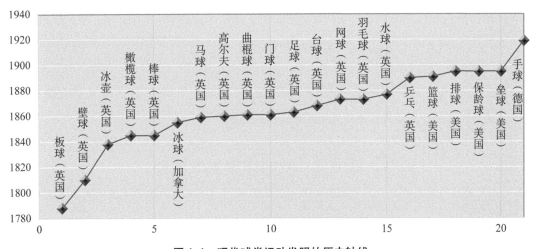

图 1.1 现代球类运动发明的历史轴线

第二次工业革命,促进了世界殖民体系的形成,使得体育推广的世界体系确立,世界体育逐渐成为一个整体。同时也增强了人们的生产能力,交通更加便利快捷,改变了人们的体育生活方式,扩大了人们的活动范围,加强了人与人之间的体育交流。

20 世纪四五十年代以来,两次世界大战之后在原子能、电子计算机、微电子技术、航天技术、分子生物学和遗传工程等领域取得的重大突破,标志着新的科学技术的到来,这次科学技术在人类历史上被称为第三次技术革命,开创了"信息时代"(1950—2013 年)。"信息时代"最具有划时代意义的是电子计算机的迅速发展和广泛应用,电子计算机成为现代信息技术的核心。

全球信息和资源交流变得更为迅速,大多数国家和地区都加入到全球化进程之中,世界体育的格局进一步确立,人类体育的发达程度也达到空前的高度。前三次工业革命使得人类发展进入了空前繁荣的时代,与此同时,也造成了巨大的能源、资源消耗,付出了巨大的环境代价和生态成本,急剧地扩大了人与自然之间的矛盾。

第三次工业革命的标志是电子计算机的发明和广泛应用。它促进了社会经济结构和社会生活结构的重大变化,使得第三产业中的体育产业比重上升,体育经济迎来了快速发展。为了适应科技的发展,西方国家普遍加强国家对科学领域研究的支持,大大加强了对体育科技的扶持和资金投入。随着科技的不断进步,人类的体育生活、体育内容和运动形式等方面也在发生重大的变革,电子游戏逐渐成为新的休闲娱乐项目。

1.3 绿色文明中的体育

进入 21 世纪,人类面临空前的全球能源与资源危机、全球生态与环境危机、全球气候变化危机的多重挑战。由此引发了第四次工业革命——绿色工业革命,就是新能源、新材料、新环境、新生物科技革命,一系列生产函数发生从"以自然要素投入为特征"到"以绿色要素投入为特征"的跃迁。第四次工业革命的标志是无线移动通信的升级和广泛应用,进入了以高级智能机器人为代表的时代。第四次工业革命是以人工智能、清洁能源、无人控制技术、量子信息技术、虚拟现实以及生物技术为主的全新技术革命,而第四次工业革命必将给未来体育运动带来深刻的影响。

由此可见,体育运动随着人类科技和生产力的发展而逐步革新,随着未来新能源和新材料的发明,体育运动也将会有新发明、新项目和新形式。

◎ 任务 2   我国体育发展战略

任务目标

(1)理解新时代体育的发展战略

(2)了解我国发展体育产业的政策要求

任务描述

　　体育发展战略指明了体育的发展方向,深刻理解新时代我国体育发展战略的内涵与要求,对接下来的课程学习会有很大的帮助。

　　党的十八大以来,习近平总书记关于体育工作发表了一系列重要讲话,作出了一系列重要指示、批示,形成了关于体育工作的重要思想,提供了建设体育强国的行动指南。习近平总书记的体育思想集中概括成五个战略(见图 1.2)。

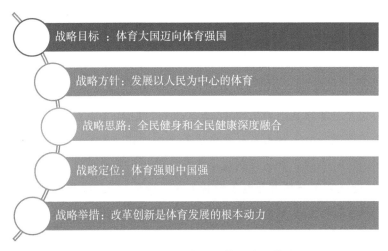

战略目标：体育大国迈向体育强国

战略方针：发展以人民为中心的体育

战略思路：全民健身和全民健康深度融合

战略定位：体育强则中国强

战略举措：改革创新是体育发展的根本动力

图 1.2　习近平总书记的体育发展战略

　　体育兴则国兴,体育强则国强。体育不仅是一个国家强盛的重要标志,也是一个国家发展的重要力量,中央明确指出"没有全民健身就没有全民健康,没有全民健康就没有全面小康",要充分发挥体育的多元价值。2014 年 10 月,国务院正式出台《关于加快发展体育产业促进体育消费的若干意见》46 号文件,明确指出把"全民健身"上升为国家战略,把"体育产业"作为绿色朝阳产业扶持。2016 年 10 月国务院出台《"健康中国 2030"规划纲要》,2019 年 9 月颁布《体育强国建设纲要》和《关于促进全民健身和体育消费　推动体育产业高质量发展的意见》。2014—2019 年,国务院共出台 14 项关于促进体育发展的政策,为加快我国体育的高质量发展指明了方向。

项目 3
体育赛事概述

知识目标

（1）了解体育赛事的概念、分类和特征

（2）了解体育赛事的价值

（3）了解体育赛事的参与者

（4）了解体育赛事的市场化

（5）了解我国体育赛事的管理制度

开篇案例

某电竞公司主管赛事策划的张经理，为了提升策划部门员工的知识水平，邀请了体育赛事方面的专家李教授给大伙上了一堂体育赛事知识课。李教授由浅入深，详细讲解了体育赛事的概念、价值、市场化和管理制度等内容。员工们获益匪浅，对体育赛事有了全新的认识，随后圆满地策划了一场大型电子竞技赛事。张经理表示，要想做好电子竞技赛事策划，就必须了解体育赛事，让员工学习体育赛事知识，是为了他们的工作更加科学有效。很明显他的目的达到了。

任务 1　体育赛事的概念与分类

任务目标

（1）能用语言简洁描述体育赛事的概念

（2）能够对一些常见体育赛事进行分类

任务描述

体育赛事的概念和分类是基础性知识，需深刻理解和掌握。

1.1　体育赛事的概念

1.1.1　体育比赛

体育赛事的核心是"比赛（竞赛）"。在定义体育赛事的概念之前，有必要明确体育比赛（竞赛）的概念。"比赛"和"竞赛"作为体育的一种活动形式，可以追溯到原始社会，人类在旧石器时代就有胜负的比赛意识，开始一些竞技活动，到新石器时代就具有了比较成熟的竞赛形式。

从体育比赛的产生看,体育比赛是伴随体育的产生而产生的,其最初的形式是"游戏"。早在远古时代的人类,就已经制定了一些运动比赛的规则来从事一些游戏性质的活动。据记载,中国早在公元前 2700 年时已有徒手武术,埃及、亚述、克里特岛等地也有弓箭、跳远和球类比赛,但这时候的运动通常只是宗教仪式的一部分。到古希腊时代,由于希腊人注重身体健康,运动受到很大的重视,甚至成为一种崇高的活动。希腊诗人荷马在公元前 8 世纪的文学作品《伊利亚特》史诗中,曾说到阿奇里斯为了纪念在特洛伊战争中死亡的朋友巴托勒,特别举行了一场体育竞赛,这是有关体育比赛最早的记载。

体育比赛随人类社会文明的发展而不断发展与完善,它逐渐演变为人们主动安排的按一定规则所从事的竞技较量活动。任何一项体育比赛,无论是规模盛大的世界比赛,还是在二三人之间进行的趣味性角逐,都是由参赛活动人群、场地物质条件及比赛组织管理三个基本系统所组成。体育比赛的基本属性,如观赏性、刺激性、娱乐性等,使比赛除了具有基本的竞技价值之外,还蕴存着极大的商业价值。

传统上认为体育竞赛是指在裁判员主持下,按统一的规则要求组织与实施的运动员个体或运动队之间的竞技较量。但是随着 1984 年美国洛杉矶奥运会开创市场营销盈利纪录以来,如何对体育竞赛进行有效的商业营销,成为运作管理的重要内容。体育竞赛已经发展成为社会政治、经济、文化等多因素的、复杂的、综合的特殊活动;体育竞赛所赋予达到的目的(goal)和目标(object)也越来越多样化;体育竞赛活动对经济、政治、文化、科技等方面的影响力和冲击力也越来越大;受到经济的影响和商业利益的驱动,市场营销在体育竞赛中的地位和价值也越来越突出。体育竞赛活动的内涵和外延发生了很大变化,原有"运动竞赛"的概念被打破,需要在客观上重新认识该事物。体育赛事作为一个新概念,在某种程度上反映了"运动竞赛"的变化,因此有必要对体育赛事概念进行界定,使其有清晰的内涵与外延、明确的对象和范围。

1.1.2　体育赛事

体育赛事与体育比赛(运动竞赛)的概念近似,但体育赛事的外延要涵盖体育比赛。现代意义上的体育比赛种类繁多,形式多样。一场规模较大的体育比赛往往是一项融合诸多要素的综合性竞技活动,如组织机构设置、市场营销、人力资源管理、后勤规划、比赛实施等方面。所以,现代意义上的体育比赛已不仅仅是竞技场上的较量行为,已经发展成为一项涉及社会政治、经济、文化等多因素的、复杂的、综合的特殊事件或活动。

所谓体育赛事是对以体育比赛为核心的一系列活动的总称。传统意义上的体育比赛侧重于赛场的竞技较量过程,而体育赛事是复杂的社会活动,它不仅涉及门票促销、运动员包装、媒体推广、赞助与广告策划、标志品开发等众多活动,还包括体育比赛的筹备、规划、实施、控制及收尾等各项活动。

任何一场体育赛事均是一次性活动。因此,这种具有一次性投入产出特点的体育赛事活动可以按项目管理的模式进行运作。从体育赛事的概念来看,体育赛事既是一个集合概念(指一系列或一类体育比赛的总称),还可作为一个单一概念,指某一场体育比赛按市场运作的全过程。可见,我们可以把以竞赛为核心的体育比赛的全过程看作是体育赛事项目。

体育赛事的核心是竞技活动。而在整个体育产业中,体育竞赛表演业又是其核心部分。我国体育竞赛表演业起步于体育体制改革,得益于职业体育的兴起。尽管经过十余年的发展,竞赛表演业在体育产业中的比重依旧不大,仍属于起步阶段。但近年来我国商业性体育赛事正逐渐增多,体育赛事运作的规模与水平已不断提高。

1.2 体育赛事的分类

体育赛事的种类繁多,形式多样。依据不同标准,可建立不同的体育赛事分类体系:

依比赛参加者的年龄可分为儿童、青少年、成年人和老年人体育赛事。

依参赛者的行业可分为职工、农民、军队和学生体育赛事。

依比赛所包含的项目数量可分为综合性和单项体育赛事。

依比赛的地域可分为世界性的和地区性的体育赛事。

依比赛的季节可分为夏季和冬季体育赛事。

依比赛的组织形式可分为集中组织的体育赛事和分散组织的体育赛事。

依比赛的性质、任务可分为运动会、冠军赛或锦标赛、对抗赛、邀请赛、选拔赛、等级赛、友谊赛、表演赛、达标赛等。

依比赛的级别可分为基层、地区、全国性、洲际、国际体育赛事。

依比赛的竞技水平可分为业余水平体育比赛和专业(职业)水平体育赛事。

依体育比赛的市场化开发程度可分为职业性商业体育赛事(如各种大奖赛、巡回赛、明星赛)和半职业性商业体育赛事(如全国性的单项锦标赛、杯赛)。

依比赛的规模可分为综合性体育赛事(如奥运会、亚运会)、大型体育赛事(如世界单项锦标赛、城运会、体育大会)、一般体育比赛(如邀请赛、CBA 联赛)和小型体育赛事。

依参加人群的不同可分为竞技体育赛事、大众体育赛事、职业体育表演性体育赛事、作为企业战略的体育赛事。

目前在我国开展的运动项目近百个,各项目大型比赛类别及我国参加的大型国际体育赛事可如图 1.3 所示。

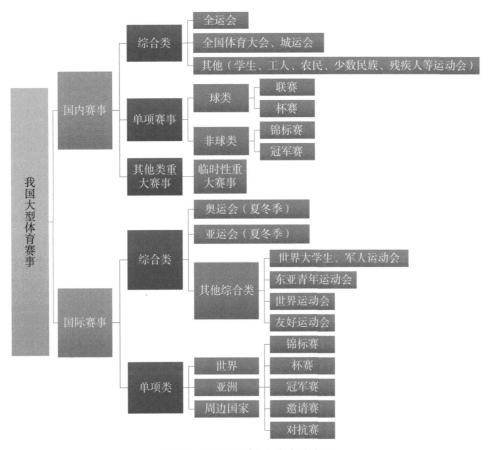

图 1.3　我国大型体育赛事的类型

◎ 任务 2　体育赛事的特征

| 任务目标

能够结合某项体育赛事,说出其具体特征

| 任务描述

体育赛事特征较为复杂,建议画一个关系图,加深理解。

2.1　竞赛性

体育赛事的核心是竞赛,只有运动员参赛才使体育赛事有存在意义,也是体育赛事区别于其他特殊事件所具有的独特内容。体育赛事竞赛性特征体现在通过参赛选手的竞技过程和结果来达到体育赛事的核心目的,体育赛事的其他构成要素围绕竞赛主题运作,利用成功竞赛达到满足不同的需要和达到不同的诸如市场营销、推广和公关等目的、目标。

2.2 项目性

体育赛事的项目特征表现在以下方面：

2.2.1 过程性

任何一项体育赛事均具有明确的开始、运行及结束过程，符合作为项目性质的基本特征。一项体育赛事往往要涉及体育赛事的策划构想、启动、计划、实施、控制与收尾等过程。

2.2.2 一次性

运作一项体育赛事，无论是全球瞩目的奥运会还是一场 CBA 比赛，它都有明确的起点和终点，它可以借鉴以往的体育赛事运作过程，但是绝对没有可以完全照搬的先例，也不会有完全相同的复制。因此，一次性是运作体育赛事与其他重复性运行或操作工作的最大区别。

2.2.3 独特性

每一项体育赛事都具有自己的独特性，不同项目的比赛本身之间就存在差异。即使是相同项目的比赛，也会因为时间、地点、人物等客观条件和体育赛事主办者主观愿望的不同而存在差异，因此可以说，每一场比赛都是独一无二的。

2.2.4 目标确定性

运作体育赛事必须有确定的目标。体育赛事时间性目标，如在规定的时段内或规定的时点之前完成；体育赛事成果性目标，如为观众提供体育赛事产品以及良好的服务，为赞助商提供展示推销自己产品的平台等；体育赛事约束性目标，如不超过事先预算，以及其他需满足的要求，包括必须满足的要求和尽量满足的要求。

2.2.5 组织的临时性和开放性

运作体育赛事的班子在运作的全过程中，其人数、成员、职责都是在不断变化的。某些班子成员是借调来的，当整个体育赛事终结时，这个临时班子就会解散，人员要转移。参与到体育赛事运作的组织往往有多个，如奥运会这样的大型体育赛事，就会涉及很多部门，它们通过协议或合同以及其他的社会关系组织在一起，在体育赛事运作的不同时段不同程度地介入运作过程。可以说，体育赛事运作的组织没有严格的边界，是临时性开放的。这一点与一般企事业单位和政府机构组织很不一样。

2.2.6 不可挽回性

体育赛事运作的一次性决定它不同于其他事情可以试做，失败了可以重来。体育赛事运作在一定条件下启动，一旦失败就永远失去了重新运作这次体育赛事的机会。因此，体育赛事运作有较大的不确定性和风险性。

2.3　风险性

风险是指由于各种难以预测因素的影响,使行为主体的期望目标与实际状况之间发生了差异,从而给行为主体造成损失的可能性。与其他行业不同的是,体育赛事活动有其特殊性,向社会提供的主要产品是体育竞赛、体育表演及相关服务,这些都属于无形产品,其生产过程与销售过程同步进行,在生产的同时也是提供服务的过程。体育赛事中不确定性风险直接影响到服务的质量、水平和顾客的满意度。

2.4　文化性

体育赛事是一种社会文化现象。体育赛事本身就蕴含着丰富的文化内涵,它是人类文化的重要组成部分。一项历史悠久的体育赛事可以形成自己所特有的体育赛事文化,为人们所接受。使人们一想起这项运动就自然地联想到这项体育赛事。不同区域、不同内容、不同性质的体育赛事均体现出较强的文化特征。例如温布尔登公开赛是现代网球史上最早创办的比赛。1877 年,这项体育赛事在伦敦西南角的温布尔登举行,当时体育赛事定名为"全英草地网球锦标赛",仅限业余选手参加。该项体育赛事真正向世界开放是在 1905 年,美国姑娘萨顿成为温网历史上第一个夺取冠军的非英国选手。1968 年,国际网联与有关方面终于达成了协议,温网正式向职业网球选手开放,温布尔登公开赛诞生了。每次温网比赛的举行,主办者都会安排丰富多彩的文化活动,请来早期的温网冠军或者为温网做出贡献的人,与网球迷们共同追溯温网的历史,形成了特有的温网文化。

2.5　产业性

1984 年洛杉矶奥运会,美国商人尤伯罗斯彻底改变了奥运会历史。他将商业与体育相结合,把奥运会当作一个商品来出售,改变了以往举办奥运会就面临着巨大的财政亏损这一局面,实现了奥运会历史上的首次盈利。现在,体育已经不再是单一的竞技含义,它同时蕴藏着巨大潜能和商机,是可持续发展的新兴产业。现代体育赛事中单纯为了比赛而比赛的现象已不多见,任何一场体育赛事均要进行产业运作。现代体育赛事是满足人们体育文化需求而产生的社会活动,因而有效体育需求是体育赛事发展的最大源泉,这就注定了体育赛事是作为一种产品出现在市场及不同需求的展台上的,产业性特征促使体育赛事以最大程度地满足人们的体育需求而获得自身发展。

2.6　产品多元性

由于体育赛事的项目、规模和目的的不同,体育赛事产品出现了多元化的特征。

2.6.1 体育赛事的竞赛产品

体育赛事的核心产品是体育比赛。运动员创造出精彩的比赛,可以满足观众精神上的需求。竞赛产品归属于精神产品领域,分为综合性体育赛事、单项体育赛事、职业联赛、商业比赛等。

2.6.2 体育赛事的服务产品

服务产品是以劳动的形式为他人提供服务的产品总称。围绕体育赛事可以开发出以下几项服务产品:食宿服务、交通服务、旅游服务、广告服务、信息服务等。

2.6.3 体育赛事的有形产品

体育赛事的有形产品是依托体育赛事,由体育赛事无形资产开发出来的实物产品。它们多是围绕体育赛事的标志、口号、吉祥物、明星球员等进行开发,具有一定的纪念价值,统称为纪念品。由于体育赛事的一次性,即不可重复性,所以许多观众为了保留对这一体育赛事亲身经历的体会,纷纷购买与这一体育赛事相关的纪念品。

2.6.4 体育赛事的无形产品

体育赛事的无形产品是围绕体育赛事的无形资源开发出来的。体育赛事无形资源一般是不具有实物形态而能为体育赛事提供某种特殊权利或收益的资源。如体育赛事的转播权、冠名权、商标权等。

2.7 参与者及其目的的多样性

体育赛事是一种复杂的社会活动,由于体育赛事参与者的身份不同,造成了不同的参与目的,也就形成了体育赛事的目的多元性特征。

2.7.1 主办组织

它们是体育赛事的发起者,不同的主办组织因为性质不同,可能存在不同的主办目的。如第五届农运会在江西宜春举行,它的主办者可能更多的是希望通过举办这样一项体育赛事,达到宣传宜春、提高城市知名度的目的。而 2003 年的"皇马中国行"所进行的"龙马大战"这一体育赛事的主办者,主要是以营利为出发点,目的就是实现利润最大化。

2.7.2 赞助商

近年来,体育赛事的赞助商数量已经大大增加。相应地,赞助商对体育赛事的认识也发生了变化。赞助商为体育赛事或运动队提供经费、实物或相关服务等支持,以期获得如冠名权、标志使用权、特许销售权等权益。也有些赞助商希望通过赞助,让企业的文化或形象与赛事的某种特征相契合,从而实现企业与赛事的捆绑,进而提高产品知名度、提升企业形象,最终获得直接或间接经济利益。

2.7.3　媒体(电视、电台、报纸和互联网)

现今世界媒体的扩展速度惊人,卫星电视和互联网日益普及,媒体报道更是无孔不入,覆盖全球。全世界媒体组织网络、媒体图像和数据的快速电子传输使全球成了一个媒体整体。媒体的革命反过来给体育赛事带来了革命,表现在体育赛事在媒体中的虚拟存在已经等同或大于现场的存在,体育赛事现场的观众要远远少于电视以及网络观众。由于能够亲临现场观看比赛的观众相对是少数,大多数观众不得不借助各种媒体了解比赛,因此,媒体参与体育赛事的目的是宣传报道体育赛事,提高收视率和点击率,借此可以提升自己的品牌价值,增加广告收入。

2.7.4　政府部门

体育赛事对主办地区有重要的影响,它们的支持对于体育赛事的成功举办则具有十分重要的作用。主办地区各个公共权力部门包括体育局、文游局、交通局、公安局、卫生局等部门。赛事举办前应预先和主办地区相关部门进行沟通,如举办大型体育赛事对交通有一定的要求,交通警察就显得尤为重要,他们可以设置临时停车点,进行交通管制等方法来确保体育赛事对交通的要求。他们参与的目的是保证体育赛事的顺利进行,处理体育赛事中可能出现的突发事件,同时展示自己良好的社会形象。

2.7.5　体育赛事的参与者

体育赛事的参与者包括运动员、教练员、裁判员和志愿者等人群。他们是构成体育赛事的基本要素。他们参加比赛的目的因人而异,呈现多样性。例如,有的运动员被寄予厚望,是冲着金牌而来,有的运动员则是为了增长见识,甚至有的还是为了观光旅游(在国外的运动员中有这种现象)。但从总体上来说,这些参与者参加体育赛事的目的是实现自身的价值。

2.7.6　体育赛事的观众

他们是体育赛事产品的消费者,他们花费金钱、时间和精力去观看比赛,是为了欣赏运动员精湛的技艺,高超的技巧、感受赛场热烈的氛围,从而达到宣泄激情、愉悦身心的目的。他们是整个体育赛事产品服务的对象,是体育产业的基础。

2.7.7　体育赛事的工作团队

工作团队是指相互依赖以取得责任目标,由受薪职员和志愿者个人组成的正式群体,体育赛事的团队由体育赛事组织结构决定,不论体育赛事规模的大小,每个人都与体育赛事的成功与失败息息相关。他们参与的目的主要是为了获得一种体验,精神上的需求大于物质上的需求。

◎ 任务3 体育赛事的价值

任务目标

能够简略描述出体育赛事的价值

任务描述

体育赛事的价值包括政治、经济、文化、人口等方面,学习本任务注意将生活实际联系起来。

以大型、综合型体育赛事为例,体育赛事的价值主要包括以下方面:

3.1 扩大国家的政治影响

体育赛事对政治的影响很早就被许多国家政府意识到,体育赛事能够提升城市和国家形象。体育赛事能够产生社会凝聚力、自豪感和自信心,这些是政治力量和影响的基本考虑点。体育赛事总是反映政治并与政治相互作用。自从罗马帝国的皇帝发现了竞技场能够转移批评,并且能够提高威望开始,精明的政治家们一直对于能够使人民快乐并有利于维持其统治地位的体育赛事保持着敏锐的观察力。自1984年美国洛杉矶奥运会以来,世界各国对于承办国际性重大体育赛事的热情有增无减。许多奥运会主办地还利用奥运会作为改变政治形象的手段。例如1964年东京奥运会和1972年慕尼黑奥运会,主办国日本和联邦德国均试图通过奥运会来改变第二次世界大战对自身形象的遗留影响。韩国也利用1988年汉城奥运会来获得在世界政治和经济体系中的新地位。

3.2 促进经济发展

社会对体育赛事的投入从非商业性为主向商业性为主的转化过程也就是商业化程度逐步提高的过程,在这个过程中就必然与当地经济发生千丝万缕的联系。体育赛事能够提供经济利益、工作机会和旅游机会,能够在吸引旅游者和延长其停留时间方面起到催化剂的作用。当旅游处于低潮时,体育赛事给举办地造成的形象改善能吸引更多的旅游者,增加他们消费停留的时间。体育赛事的形象塑造能定位一个营销市场,提供市场竞争优势。申办重大国际性体育赛事更是能为申办地区带来难以估量的经济效益和社会效益。从最近几届奥运会的例子来看,所有主办城市和主办国无不努力将举办奥运会当作本地或本国的发展契机,从而历史性地带动经济社会的发展。许多奥运会主办城市如日本的东京、韩国的汉城、西班牙的巴塞罗那等都因成功举办奥运会而一跃成为本国和世界上著名的城市,并带动了本国经济的发展。

3.3　促进文化的交流与互动

体育赛事本身属于人类的一种重要文化活动。体育被称作是"超越语言障碍的世界共通文化"。通过以体育为核心的国际大会和纪念活动,加深世界各国人民的相互理解和认同,对于促进各国间的友好往来也发挥很大作用,特别是举办国际体育比赛大会,不仅有助于体育振兴和国际友好往来,同时还具有通过观看世界高水平运动员的比赛表演,给国民特别是下一代青少年带来梦想和活力的效果。体育赛事和文化活动会给举办地留下丰厚的文化遗产,它不仅拓宽了大众的文化视野,同时也给他们带来了新鲜的思想和观念。1997 年在澳大利亚悉尼和墨尔本举办的超级相扑锦标赛,就将日本相扑运动的强烈宗教和文化特点介绍给了澳大利亚观众。这已经远远超出了单纯的体育赛事的范畴,它成为一次有着特殊意义的日本和澳大利亚的文化交流。又如,现代奥运会继承了古代奥运会的一些传统仪式,并逐渐将这些仪式发展为现代奥运会最具有特色和魅力的组成部分,使之成为主办国展现自身文化风貌的最好舞台和世界相互了解的最好渠道。2008 年奥运会在我国北京举办,中华五千年的灿烂文化与世界各国异彩纷呈的文化产生了密切的交流与互动。

3.4　促进国民素质的提高

举办国际性重大体育赛事,需要良好的内外环境,而成功的体育赛事能促进市民素质的提升。因此,举办国际性重大体育赛事,对于扩大体育赛事所在地的公众效应,加强东道主国家市民的凝聚力有非常积极的意义。国际性重大体育赛事作为社会事件必然会引起人们广泛的关注。为了使体育赛事获得当地人的支持,主办者通常通过大力宣传,精心设计和挑选体育赛事的标志和吉祥物,借以反映该国、地区和城市的人文特点,激发起人们重温历史的冲动,从而激发对祖国的情感。人们逐渐认识到,国际性重大体育赛事在现代化进程中具有特殊的重要性,它对于提高国民的人文素质,促进人的全面发展和社会的可持续发展,有着较高的贡献度。

3.5　促进举办地综合实力的提高

综合实力是一个国家或地区政治、经济、文化等多方面因素的综合体现。体育赛事是一项系统工程,它不仅涉及一个国家或地区的政治、经济、文化,还涉及场馆建设、城市道路、交通、环境、卫生、安全、餐饮、旅游、商贸、资讯等方方面面。一项成功的体育赛事不仅是举办地综合实力的体现,更为重要的是,体育赛事形成的综合效应,最终会促进举办地综合实力的提高。如韩国在为筹备 1998 年奥运工程中,扩大就业人数 33.6 万人,举国动员,振奋了民族自强意识,社会生产效率猛增,经济出现了 12.4% 的增长。2008 年北京奥运会,不仅体现了北京的综合实力,也促进了北京综合实力的增长,提高了我国体育人口数量和国民体质水平。

○ 任务 4　体育赛事的运作主体

任务目标

了解不同体育赛事参与体对体育赛事的作用

任务描述

体育赛事参与体较多,结合体育赛事参与者的结构图利于本任务的学习。

体育赛事必须有人的参与才能发生,体育赛事运作管理过程所能涉及的体育赛事参与者和可能受体育赛事影响的人和组织如图 1.4 所示。

图 1.4　体育赛事参与者

4.1　按照参与主体不同角色地位分类

体育赛事运作主体是重要的参与者,其本质是体育赛事管理者。体育赛事运作主体是位置和职能上使体育赛事发生,并进行管理的个人、群体和组织,即体育赛事管理者。运作主体是主办组织或是主办、承办、协办组织三者的合成。

4.1.1　主办组织

体育赛事都是由某个体育组织授权举行的。这些体育组织一般情况下都是非政府、非营利、并具有法律地位的机构。根据比赛项目可以划分为综合性体育组织和各单项体育协会,如国际奥林匹克委员会和国际足球联合会;根据体育组织的级别可以划分为国际性体育组织、洲际体育组织和地方体育组织,如国际篮联、亚洲篮联、中国篮协。这些体育组织都具有主办体育赛事的权力,但是举办体育赛事的规模和级别有所不同。我们以国际奥委会为例,国际奥委会是奥林匹克运动的最高权力机构,它主要负责体育运动和运动竞赛的组织、协调和发展;与官方的或民间的组织合作,努力使体育运动为人类服务;选择奥运会举办地;保证奥运会正常举行等。同时,它也享有对奥运会的全部权利,包括对奥运会的组织、开发、广播电视和复制的权利;有关奥林匹克标志、奥林匹克旗、奥林匹克格言和奥林匹克会歌的一切权利也完全属于国际奥委会。国际奥委会有权撤销对国际单项体育联合会的承认,从奥运会比赛项目中撤销运动大项、分项或小项,有权取消对单个国家或地区奥委会的承认,甚至有权取消奥运会组委会承办奥运会的权利。不仅如此,它还具有对一切参与奥运会的违章人员进行处分的权力,包括运动员、裁判员、代表团官员等。当然,国际奥委会需要依据《奥林匹克宪章》来行使自己的权力。

4.1.2　承办组织

体育赛事的承办组织一般都是主办组织的下一级单位。如悉尼奥运会就是经国际奥委会授权,由澳大利亚奥委会承办的。承办组织在获得当地政府与民众的支持后,对承办体育赛事进行可行性调查研究,然后向主办组织递交书面申请报告。如果获得承办权,则要与主办组织签订相关合同,以期获得法律上的依据。承办组织获得相应的体育赛事开发权,可以对体育赛事进行经营运作,但前提是要确保体育赛事成功举办。现在,在奥运会或其他大型国际体育赛事上,国家之间、国家与地区之间、地区与地区之间的竞争已经不仅仅局限于竞技体育本身水平的高低,在承办组织的运营、管理方面也出现了竞争——国际大型体育赛事组织、运营、管理水平的高低,已经成为一个国家精神的体现和文化水准与经济实力的标志。

4.1.3　协办组织

协办就是协助举办的意思。在过去,体育赛事的协办组织一般是各级地方政府机构,它们负责体育赛事举办的各项具体工作,如提供比赛场馆、协调交通、安排运动员食宿等。而现代的体育赛事时常实行市场化运作,由承办组织进行招标,由专业的体育赛事经营公司进行商业开发。在国际奥委会表决确定北京为 2008 年奥运会主办城市的当天,国际奥委会与中国奥委会、北京市签订了《2008 年第 29 届奥林匹克运动会主办城市合同》,由北京市来协办本届奥运会。此外,赞助商、媒体都可以成为体育赛事的协办组织。

体育代理机构的出现使体育赛事的运作主体组成有了新的变化,目前其行使的只是某一项或有限的几项职能,但作用也不可忽视。体育代理机构是体育经纪的商业机构,国际上有名的 IMG(国际管理集团)等,曾经负责过中国篮球甲 A 联赛的市场营销。从功能上 IMG 代理机构是体育赛事运作部分任务的主体实施者。体育代理机构管理和营销代理的职能包括委托人代理、委托人营销、体育赛事发展、体育赛事管理、电视制作、赞助寻找、礼遇服务、基层计划、市场研究、财政计划等。

4.2 按照参与主体不同效益追求分类

根据体育赛事市场化运作主体追求的效益目的的不同,可以把体育赛事的运作主体分为以下三种类型:

4.2.1 政府主导型

体育赛事运作主体为体育行政部门,属于政府指导下的体育赛事,这类体育赛事的首要目标是社会效益,同时还兼顾经济效益。如我国的全运会体育赛事、大运会体育赛事、全国体育大会体育赛事等都具有这种特征。如在上海举办的第 48 届世界乒乓球锦标赛与在沪上演的摩托 GP、大师杯网球赛和 F1 分站赛相比,世乒赛是一项非商业性比赛。除了进行市场化运作外,政府在资金以及组委会等工作人员组成方面为世乒赛做出了大量工作。

4.2.2 市场组织型

运作主体为各类企业组织,其经营的首要目标是实现经济利益。如国际管理集团(IMG)曾经对中国职业足球进行市场化经营。市场组织型比赛是纯粹以盈利为目的而组织的竞赛。它一般由专业的体育经营公司进行运作,依靠运动员(队)的知名度来吸引观众与赞助商,比赛过程中所表现出的表演成分多于竞技成分。最典型的事例就是 2003 年的"龙马大战",北京高德公司成功地运作了这次体育赛事,满足了中国观众近距离接触世界足球明星的愿望。在为观众奉献精彩比赛的同时,皇家马德里俱乐部与高德公司也获得了丰厚的回报。

4.2.3 混合型

不同运作主体协同下的运营。这类体育赛事往往是由政府的某一部门主办体育赛事,而具体的体育赛事运作由不同的实体承办。在双重管理体制下,既考虑社会效益,又兼顾经济效益。目前,我国大多数体育赛事以这种混合型体育赛事为主。

任务 5　体育赛事的市场化

任务目标

（1）了解体育赛事市场化的概念

（2）理解体育赛事市场化运作的形式

任务描述

体育赛事市场化对于体育赛事发展具有重要意义,本任务需重点掌握。

5.1 体育赛事市场化的概念

近代以来,随着市场经济的发展,体育比赛与其他社会公共产品一样,从过去单纯地由政府或民间组织向社会提供无偿或公益性服务,而逐渐成为一种商品,进入市场领域进行交换,即体育比赛的举办者通过向公众提供竞技表演这一特定服务,在满足人们的观赏需要的同时实现产品交换,从而得到各种形式的回报或利益。于是,体育赛事市场化的概念应运而生。

所谓体育赛事的市场化,是指体育赛事组织者对体育比赛产品按市场化规律进行运作,以使体育赛事的观赏价值和商业媒介价值通过市场实现其商品价值的过程。体育赛事的市场化运作即是按市场化的模式进行体育赛事运作及管理的过程。

从市场经济角度讲,体育赛事的市场化是一个商品交换的过程。在这个商品交换过程中,观众、企业及其他社会组织是购买运动会产品的消费者,运动会组织者是商品生产者。作为商品生产过程,体育赛事是组织运动员进行高水平竞技体育表演为观众提供审美享受服务的过程,因此,体育赛事具有向公众提供一种具有特殊观赏价值的体育服务产品的功能。同时,由于体育赛事能够为社会提供一种具有观赏价值的体育服务产品,能够聚集大量观众观赏,所以它还具有形成大规模公众场合的功能。同时,体育赛事的筹备和举办涉及社会生活的许多方面,必然引起社会的普遍关注和重视,成为大范围内人们关注的焦点。因此,体育赛事拥有了巨大的无形资产,具有极高的商业媒介价值。

实现体育赛事的商业媒介价值的主要渠道包括:门票;出售比赛电视转播权;征收赛场内外各种形式的广告费;征收赛场界定区域从事经营活动的场所租赁费和由于体育赛事而增加利润的专利费;出售比赛冠名权;比赛指定器材、用品的特许费;各种保险的利润分成;发行具有捐资面值的纪念邮票和纪念币;征收印有运动会名称、会徽、吉祥物、标志商品的专利费;接受财团、企业、个人的捐赠与赞助,等等。

5.2　体育赛事的市场化运作的形式

目前,国际上体育赛事市场化运作主要有两种形式:

一是纯商业性比赛,即体育赛事举办者以营利为目的,满足社会体育竞技观赏需求而举办的比赛,如各种职业联赛、各种商业比赛、大奖赛、巡回赛等。欧美经济发达国家的职业体育比赛首开先河,并在 20 世纪 70 年代已经形成比较成熟的市场化运作方式,然后逐渐扩展到其他各种类型的比赛。

二是以提高运动技术水平、发展体育文化为目的,但采用市场化运作方式的比赛,如奥运会、亚运会和各种杯赛、锦标赛等,这些比赛的举办者为弥补竞赛资金的不足,提高竞赛的活力,逐渐采用前一类比赛的运作方式,走上了市场化的道路。以世界上规模最大的体育赛事——奥运会为例,1976 年第 21 届蒙特利尔奥运会耗资 20 亿美元,亏空高达 10 亿美元。1984 年第 24 届美国洛杉矶奥运会的举办一改以往的局面,采用商业化运作方式,获得了巨大的社会效益和经济效益。这种模式后来被国际体育界称为"洛杉矶模式",对后来包括奥运会在内的所有大型国际体育比赛都产生了重大影响,也使体育比赛的市场化进入加速发展和规范发展的阶段。

我国体育赛事市场化运作的发展状况

20 世纪 90 年之初,我国确立了建立社会主义市场经济体制的改革目标,社会生活的各个领域开始了以市场为取向的改革。体育产业化作为体育改革的一个重要内容逐渐得到政府和社会各界的认同。足球率先开始职业化改革,篮球、排球、乒乓球紧随其后。体育赛事市场化进入了一个崭新的、趋于稳定的阶段。由中介组织和体育界以外的企业参与运作的商业比赛也日益增多,其他各种比赛甚至业余比赛也都开始了市场化的发展道路。

社会主义市场经济体制的建立与国际体育赛事的商业化发展,为体育比赛走向市场提供了内部和外部的基本条件。改革开放是 20 世纪后 20 年中国经济社会发展的基本特征,社会主义市场经济的发展为中国经济发展提供了强大的动力,使得中国经济 GDP 平均每年以 10% 的速度增长,由此带来人民生活水平的迅速提高,群众的文化体育娱乐需求快速增长,这为中国体育赛事的市场化提供了适宜的社会环境和经济条件。1979 年,国际奥委会恢复了中国奥委会的合法地位,中国体育开始全面走上国际体育舞台。各国际体育组织在中国举办各种比赛,要求中国的承办者按照国际惯例组织体育赛事,国际体育中介组织看准了中国经济发展的前景,开始试探性地介入中国的体育比赛,对中国体育赛事的市场化起到了强有力的推动作用。

○ 任务 6 我国体育赛事的管理制度

任务目标

(1) 了解体育项目的分类

(2) 了解我国体育赛事与竞赛体制、制度的关系

(3) 了解综合性运动会工作的基本内容和程序

任务描述

遵循体育竞赛管理制度,是体育赛事合法合规的保证,本任务需重点掌握。

在我国,竞赛制度是体育赛事运作的指导条例。例如,国内综合性体育赛事运作的管理行为依据是 1998 年发布的《中华人民共和国综合性运动会组织工作实施办法(试行)》。

1958 年以来,我国竞赛制度发生了一定改变。国家体委 1958 年 6 月 21 日颁发了《中华人民共和国体育运动竞赛制度(草案)》,将我国体育赛事分为以下几类:综合性运动会、单项锦标赛、等级赛、对抗赛和通讯赛以及其他比赛如友谊赛、邀请赛等。对全国各种竞赛次数也进行了规定:单项锦标赛每年一次;足球、篮球、排球每年每项举行甲、乙、丙级队联赛 3 次;田径项目每年举行春、夏、冬季运动会共 3 次;乒乓球每年至少举行 2 次;体操、举重等项目每

年至少举行 1 次;通讯赛在田径、游泳、举重、自行车、射箭和射击中每年每项 1 次。1989 年 6 月 11 日国家体委令第 1 号发布《全国体育运动单项竞赛制度(试行)》,对我国竞赛制度进行了全面总结,并界定了体育赛事的作用是——提高运动技术水平、推动群众体育普及的重要手段。单项竞赛制度,是制定优秀运动队及其后备队伍的各项目全国体育竞赛计划和规程,进行竞赛组织管理的准则。并对项目进行了新一轮分类:

第一类,为奥运会比赛项目中的重点项目,包括田径、游泳、跳水、体操、举重、射击、射箭、击剑、柔道、国际式摔跤、赛艇、足球、篮球、排球、乒乓球、羽毛球、速度滑冰、短跑道速度滑冰,共 18 项。

第二类,为奥运会一般项目,包括花样游泳、水球、艺术体操、自行车、皮划艇、帆船、帆板、拳击、现代五项、马术、网球、手球、曲棍球、棒球、花样滑冰、冰球、冬季两项、高山滑雪、越野滑雪、跳台滑雪,共 20 项。

第三类,为非奥运会比赛项目,包括技巧、武术、滑水、蹼泳、中国式摔跤、垒球、国际象棋、围棋、中国象棋、跳伞、航空模型、滑翔、航海模型、摩托艇、摩托车、无线电,共 16 项。

第四类,为其他项目。

竞赛次数和规模:一类项目每年安排两次全国最高水平的比赛,第二、三类项目每年安排 1 至 2 次全国最高水平的比赛。第四类项目提倡社会举办多种形式的比赛。一、二、三类项目原则上每年可安排 1 次青年比赛,一类项目每年还可安排 1 次少年集训比赛。

全国单项竞赛采取按水平分级比赛、分级管理的办法。竞赛分为正式比赛和辅助性比赛。正式比赛分为锦标赛、冠军赛、联赛(球类项目)。按名次分等级,实行升降级比赛。辅助性比赛分为达标赛、分区赛、邀请赛、调赛、协作区赛、杯赛、通讯赛、集训赛。采取边训练、边比赛的办法,练战结合,检查训练效果。其他辅助竞赛的名称不限。

受我国体育管理体制的影响,我国体育赛事运作在今后相当一段时间内,在运作主体和运作工作程序上仍然受到竞赛体制和竞赛制度的影响,即大多体育赛事要做什么、做成什么、由谁来做以及怎样做主要是由我国的竞赛体制和竞赛制度来决定。我国体育赛事与竞赛体制、制度的关系见图 1.5。

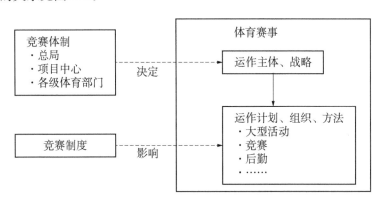

图 1.5 我国体育赛事与竞赛体制、制度的关系

随着项目管理体制改革的进一步深化,对全国单项竞赛实行计划式管理方法已经不适应市场条件下项目的发展需要。各项目根据各自的项目特点和竞赛实际情况,都逐步形成了一整套较为完整的管理方法和运作模式。

实战:综合性运动会工作的基本内容和程序

竞赛制度对国内体育赛事运作的活动内容和规范都有相关规定,以国内大型综合性运动会为例,综合性运动会工作的基本内容和程序如下。

(一) 工作基本内容

（1）硬件准备

硬件准备包括体育场馆等体育设施和基本的物质基础准备。这是国家体育总局检查承办单位工作首先要落实的事情,比如 2002 年四川绵阳第二届全国体育大会,国家体育总局会同有关项目中心连续两次赴赛地检查、落实比赛场地、场馆等设施的准备情况。

（2）软件准备

软件准备是指建立场馆的信息传递和网络系统。由于现在比赛的即时性和及时性要求很强,比赛成绩和比赛过程中运动员表现都要依靠有效、快速的成绩信息传递系统传给需求方,广及全国范围,甚至全球范围,因此,软件的准备是体育赛事准确、顺利完成的基本条件之一。

（3）活件准备

体育赛事的关键因素是人,保安、交通等各个方面都不能脱节。活件准备表现在人员的培训上,这包括了对竞赛人员甚至礼仪小姐的培训。

(二) 工作程序

制订综合运动会规程;成立组织机构(包括筹备委员会和相关服务机构);场馆、设备、器材的准备;报名、注册;竞赛编排;技术代表、技术官员的选派,以及培训;成绩统计、公布;颁奖。

(三) 竞赛服务工作

住宿、迎送、食品、卫生等。

实战训练   请按照综合运动会工作的基本内容和程序,编写一份学校运动会策划方案。

项目 4
电子竞技赛事的发展方向与趋势

知识目标

（1）了解电子竞技赛事的相关概念

（2）了解我国电子竞技赛事的发展现状

开篇案例

刚入职电竞公司的小李为了加深对电子竞技赛事的了解，专门向在电竞行业从业多年的张经理请教。张经理由浅入深地从电子竞技到电子竞技赛事，向他进行了讲解，小李觉得获益匪浅。

任务 1　电子竞技赛事的相关概念

任务目标

（1）了解电子竞技的概念

（2）了解电子竞技产业的概念

任务描述

了解电子竞技的概念是学习后续模块的基础，需重点掌握。

1.1　电子竞技的概念

电子竞技（E-Sports）是一项对抗性的体育运动，是以电竞游戏为基础，以信息技术为核心，以软硬件设备为器械并在信息技术营造的虚拟环境中，以规定的同一项电子游戏（内容）为载体，遵守同一竞赛规则的个人或团队之间的智力对抗运动。

1.2　电子竞技产业概念

电子竞技产业包括核心赛事产业和电竞生态产业。核心赛事产业指的是以电子竞技赛事为核心的上下游相关产业链，包括上游的游戏研发商、中游的赛事运营方及俱乐部、下游的电竞直播平台等行业。电竞生态产业则指的是服务于核心赛事的相关产业链，包括电竞直播、内容制作、电竞大数据、电竞场馆等相关产业，见图 1.6。

图 1.6 中国电竞产业链

任务 2 我国电子竞技赛事的发展现状

任务目标

（1）了解电子竞技赛事的发展历史

（2）了解电子竞技的发展趋势

（3）了解电子竞技赛事的发展方向

任务描述

了解电子竞技赛事的发展历史及发展方向，对电子竞技赛事工作具有指导意义。

2.1 我国电子竞技赛事发展回顾

世界上最早的电子竞技概念起源于美国，在 1972 年举办的"Intergalactic Space War Olmpics"的《Spacewar》竞赛中，获胜的选手将获得《滚石》杂志一年的免费订阅，这就是电子竞技的起源。从 1998 年《星际争霸》进入中国，我国电竞先后度过了探索、受阻、变革、爆发、规范这五个阶段。

2.1.1 萌芽探索阶段（1998—2003 年）

1998 年，暴雪娱乐正式发行实时战略游戏《星际争霸》，并第一时间进入中国市场，这一款考验玩家的操作、意识、战术等综合水平的对抗游戏，迅速成为全球范围内最受欢迎的对抗游戏之一，开启了中国乃至全球的电子竞技时代。在 1998 至 2002 年期间，以 WCG、CPL、ESWC 为代表的三大电子竞技赛事在全球范围内开始传播开来，并影响了最早一代的电子游戏玩家。大批的玩家开始关注电子竞技赛事，全国范围内以网吧和电脑相关商家为主导的赛事迅速增多，开始有部分选手以战队、个人等身份出现在上述国际赛事中。

2003 年是中国电子竞技早期最为繁荣的一年，起源于韩国的"电视台＋职业选手＋协会"的产业模式进入中国，包括中央电视台、旅游卫视、上海电视台纷纷开设电子竞技相关节目。最为重要的是，2003 年 11 月，国家体育总局正式将电子竞技设立为第 99 项体育项目。备受主流社会关注的电子竞技，在 2003 年有着美好的发展前景，鼓舞着大批人走向职业

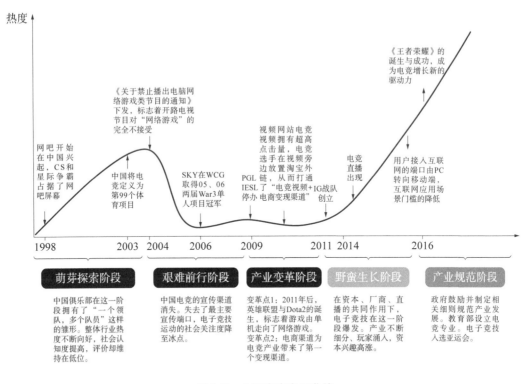

图 1.7　中国电竞发展曲线

道路。

在此阶段,中国电子竞技的发展对国外的学习迅速而有效,以三星、微软为代表的商家出于硬件销售推广的需求,为电子竞技赛事提供了丰富的赞助与支持。在主流赞助商和游戏厂商的共同推动下,电子竞技的关注度不断提升,从而吸引了更多的商业资源,形成良性循环。此阶段的电子竞技选手,逐渐从单兵作战开始走向战队化,职业俱乐部亦逐渐萌芽。

2.1.2　艰难前行阶段(2004—2008 年)

2004 年 4 月,有关部门发文禁播电竞相关节目,并就此开启主流环境对电子游戏的否定,刚刚繁荣的中国电子竞技,迅速进入艰难维生阶段。主流社会对电子游戏和电子竞技的怀疑,并没有动摇已经树立了电子竞技梦想的人。2004 年,首届全国电子竞技运动会正式举行,虽然刚诞生就面临着发展困境,但该赛事也陆续举办了多年,是当时最大的全国性赛事。

2005 年,游戏 ID 为"Sky"的李晓峰在 WCG 上获得《魔兽争霸 3》项目的世界冠军,并于2006 年实现蝉联,入选 2006 年体坛十大风云人物评选。作为最早的一位电子竞技明星,Sky成为众多电竞人的偶像,被誉为中国电竞第一人。同年,WE 和 EHome 正式成立,成为国内最早的职业电竞俱乐部。在此期间,中国电子竞技的发展颇为艰难。虽然偶有电竞选手进入主流视野,但更多的选手和俱乐部无法获得类似于 2003 年的市场环境,在温饱线上徘徊。

情况随着 2008 年金融危机的来临变得更为艰难,资本方和赞助商纷纷离开产业,而国际范围内的 CPL、ESWC 亦相继停止运营。宏观经济环境下行,监管高压,而以三星为代表的主流赞助商亦在市场增速开始减缓的情况下开始怀疑电竞的商业价值,这使得本就依靠赛事维生的电竞俱乐部的生存环境更加艰难。

2.1.3　赛事变革阶段(2009—2013 年)

在艰难的环境下,依旧有不少的选手在梦想的支撑下坚持着电竞职业道路,而他们的坚持,终于在 2011 年开始得到了回报。2011 年,《英雄联盟》和《Dota2》两款游戏发行,作为脱胎于《魔兽争霸》的竞技对抗游戏,这两款游戏依靠大量的优化迅速超越后者,开始在全球范围内流行起来。同时,受到以 WCG 为代表的第三方赛事所带来的大量的关注度的启发,游戏的运营商开始举办官方赛事,正式开启电子竞技的第一方赛事时代。电竞赛事能够吸引大量的观众,从而获得游戏产品的推广效果,提升游戏收入,这使得游戏厂商愿意投入大量的资金进行赛事举办,这也是第一方赛事兴起的核心原因。而第一方赛事的兴起,也拯救了因第三方赛事的赞助商缩减投入而收入减少的职业俱乐部,资本方重新进入电子竞技产业,中国的电子竞技职业化道路全面铺开,大量俱乐部成立。

2013 年,WCG 正式宣布停办,开启了电子竞技时代的第三方赛事正式进入沉寂阶段,此起彼伏,《英雄联盟》和《Dota2》的官方联赛则日愈火热,第一届 LPL 亦正式开始举办,逐渐发展为国内最大的职业联赛,中国电子竞技重新进入繁荣时代,第一方赛事成为时代的主导。

2.1.4　全面推广阶段(2014—2016 年)

产业模式在第一方赛事的主导下得到了验证,中国电子竞技获得了持续发展的机会,而接下来的任务,就是推广。2014 年,电竞选手开始进入体育新闻,重新回到主流视野,而在全国互联网普及率迅速提升的过程中,《英雄联盟》和《Dota2》的用户数亦实现高速的增长,从而为电子竞技的发展和全面推广奠定了充实的用户基础。而网络视频、移动媒体、电子商务、视频直播等互联网产业的快速扩张,亦为电子竞技的推广和商业化提供了充分的产业基础。其中,毕业于浙江大学的游戏 ID 为"2009"的电竞选手伍声,在退役后成为游戏解说,并依靠人气于淘宝中进行创业,在 2013 年的年销售额就超过了千万,这为电竞选手打开了"电竞+淘宝"的电商模式,众多选手和解说纷纷开设淘宝店。这标志着电子竞技的商业模式开始走出奖金的桎梏,走向多元化。电子竞技真正的快速爆发,开始于 2015 年。2014 年,海外游戏直播平台 Twitch 被亚马逊巨资收购,正式点燃了国内资本市场对于游戏直播的热情,斗鱼、虎牙、熊猫等直播平台迅速兴起。游戏直播平台不仅有效地促进了电竞赛事的传播,其本身依靠打赏和广告的商业模式也成为众多选手和解说获得收入的重要途径之一。Analysys 易观数据显示,2015 年是中国游戏直播快速发展的一年,市场规模增长率超过 150%,达到了 11.8 亿元。至此,包括供应、赛事、传播、变现等多个环节的产业链基本形成。

图 1.8　中国游戏直播市场规模(2014—2020 年)

2.1.5　产业升级发展阶段(2017—2020 年)

2017 年亚洲奥林匹克理事会宣布,电子竞技将在 2018 年雅加达亚运会成为表演项目。2020 年,亚奥理事会宣布电子竞技项目成为亚运会正式比赛项目,并于 2022 年登陆杭州亚运会。而关于电子竞技是否进入奥运会的讨论,也进入实质性阶段。入奥与否,属于奥运会、奥林匹克精神与电子竞技是否相符的技术性问题,而这个讨论的发生,就是对电子竞技的最大的认可。

在国内,电子竞技开始频繁出现于中央及地方各级政府的产业发展规划中,电子竞技的赛事和产业价值逐渐得到认可,包括上海、杭州、成都等城市纷纷将电子竞技作为其重点发展的产业之一,而以北大、中传为代表的高校亦开始设立电子竞技相关专业或课程,国家对电子竞技的支持从宏观到微观均逐渐展开。同时,在 2017 年,以《王者荣耀》为代表的移动电竞产品全面兴起,电子竞技逐渐走出 PC 端,移动电竞赛事亦进入全面发展阶段。

数据显示,2017 年中国移动电子竞技市场规模达到了 203 亿元,赛事规模化和体系化促进了品牌和传播价值的发挥,赞助、直转播、场馆运营等环节的商业价值得到了持续的挖掘,从而有效地促进了移动电竞的赛事和产品收入增长。在不断成熟的基础上,中国的电子竞技开始追求专业化和体育化。2018 年,以 LPL、KPL 为代表的职业联赛开始进一步向传统体育学习,包括商业赞助的运营、赛制的设置、主客场制度等纷纷推进,以求在实现收入增长之后,寻求更为广阔的发展空间。

2.2　电子竞技的发展趋势

电子竞技是衍生于电子游戏的竞技对抗活动,亦是一个不断走向成熟的产业。2018 年,电子竞技作为表演项目亮相于雅加达亚运会,中国代表团斩获"两金一银",得到了广泛的关注和赞许。虽然已经在商业价值上实现了高速的提升,但在体育化和专业化的水平方面,还需要更多的努力和耐心。

电子竞技是电子游戏达到竞技状态下的智力和体力对抗活动,而随着以赛事为核心的产业链的趋于成熟,电子竞技亦代表着一个产业。从产业的角度来看,电子竞技以电子游戏为基础,以赛事为核心,而传播渠道则更多地发挥着内容分发的作用。

在电子竞技产业中,电子游戏主要包括游戏厂商和游戏产品两部分,其中,游戏厂商主要负责游戏产品的制作和运营,并将游戏产品授权予赛事举办方,而游戏产品则起到规则制定和内容载体的作用。根据赛事性质,举办方可分为游戏厂商和第三方,主要负责赛事的执行和组织,包括电竞选手和俱乐部的组织、赛事执行过程中的落地工作,以及传播渠道与商业化的对接等。所以,电子竞技已经形成了一个分工明确和流程趋于成熟的产业,同时,以赛事为核心的产业结构,使其更接近于体育赛事的特性,区别于电子游戏产业。

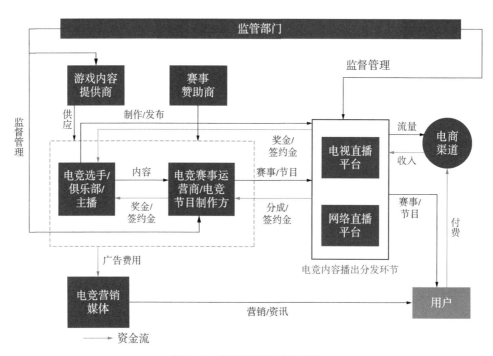

图 1.9　中国电子竞技产业链

电子竞技的产业化,是经过漫长的摸索和发展才逐渐形成的,这既来源于整个产业的共同努力,也得益于环境的发展。自 2003 年将电子竞技认定为第 99 项体育项目开始,国家就给予了电子竞技多方面的支持,将电子竞技作为"十四五"期间重点发展的文化产业之一;中国数字经济和居民收入水平的不断发展和提高,为电子竞技提供了成熟的产业基础和良好的消费环境;而信息传播的发展,则对社会各界对电子竞技的了解和认知起到了促进作用;通信技术的逐渐成熟和普及,是电子竞技能够实现持续的内容升级和传播的重要基础。在环境持续向好、赛事市场成熟以及移动电竞兴起等因素的促进下,电子竞技的市场规模实现了快速的增长。

Analysys 易观发布的《中国电子竞技行业年度综合分析 2019》显示(见图 1.10)，2018 年中国电子竞技市场规模达到了 1 121 亿元人民币，相比于 2017 年环比增长 23.46%。但是，对于整体的市场规模而言，其中大部分占比来自电子竞技游戏收入，占比达到 86.1%。另外则是电竞的直播收入占比达到 9.2%，而赛事与其他收入则不足 5%。可以看出，电子竞技主要收入仍是内容方面的收入，赞助、赛事门票和其他部分占比较小。

图 1.10　中国电子竞技市场规模(2015—2019 年)

之所以将游戏产品收入纳入电子竞技的市场规模内，主要是由于目前电子竞技赛事对游戏的用户活跃与消费的促进作用依旧显著，这也从另一个角度说明，电子竞技虽然基本实现了产业化，但其产业的专业化水平仍有待提高，在赛事收入方面有较大的发展空间。而其以电子游戏为基础的结构，亦代表着电子竞技需要探索出一条创新的体育化之路，解决其无法像传统体育一样实现规则稳定和普及化的问题。

目前电子竞技面临的主要问题是难以赛事化和体育专业化，但是这不会成为电子竞技发展道路上无法跨越的阻碍，因为任何运动的发展几乎就是在不断解决困境的过程中前行。

2.3　电子竞技赛事的发展方向

2018 年，中国电子竞技代表团在雅加达亚运会的电子竞技表演项目中获得了两金一银的优秀表现，在对整个产业起到了重要的鼓舞作用的同时，也受到了社会主流语境的高度肯定。用了二十年走出温饱困境的中国电子竞技，正迎来下一个新的发展阶段，其各方面的发展趋势逐渐体现出来，中国电子竞技的全面升级正在从业者的努力下逐渐展开。

2.3.1　赛事将持续专业化、体育化和多元化

电竞赛事已经经过了探索发展阶段，赛事直转播、赛制、职业管理等技术和制度方面在探索过程中不断发展，专业化发展水平将进一步提高，将在借鉴传统体育和总结 PC 电竞经

验的基础上不断完善和丰富，逐渐构建起行业公认的流程标准体系，从而实现赛事运营的全面专业化，完成流程标准体系构建。

随着电子竞技在传统体育界的影响不断加强，电子体育的概念开始趋于完整，以足球和篮球为代表的传统体育俱乐部也开始涉足电竞，电竞有望成为传统体育的数字化载体，同时，电子竞技也将进一步学习传统体育的产业普及、青训建设和标准化管理等方面的经验，从而构建脱胎于游戏产品的体育化体系，进一步实现持续发展。其中，需要重点关注的是青训体系，需要向传统体育学习，建立完善的淘汰安置机制，并注重文化教育的同步进行，从而发挥电子竞技的正确社会导向价值。

在第一方赛事为主导的市场中，拥有聚合不同厂商游戏产品和实现不同主办方需求的第三方赛事逐渐复苏，赛事市场呈多元化发展。同时，在游戏产业持续发展的基础上，新兴品类的电竞化探索、移动游戏多元化等使电子竞技的项目内容更为多元化，从而推动了新兴电竞项目的发展。

2.3.2 移动电竞将助力电竞融入城市生态

电子竞技作为体育项目之一，虽然其内容主要以数字化的形式产生和传播，但是，以赛事为产业核心的电子竞技，以线下场馆为重要载体，在逐渐 IP 化的过程中，吸引受众线下观赛与互动。而移动电竞则通过移动设备和网络进一步打破了电竞在城市空间内的互动壁垒。作为产业，广义的电子竞技拥有带动游戏、数字内容、硬件以及泛娱乐等环节的产业链能力，被众多地方政府视为产业升级重要驱动力之一。在商业、电竞以及地方政府的推动下，电竞内容与商业融合、电子竞技赛事城市化、电竞产业地方化等建设得到了不断地推进，未来电子竞技将作为重要的城市泛娱乐生态内容在商业、文化、产业三个方面深度融入城市发展。在商业方面，与商业地产的融合，从作为导流活动的营销赛事开始，逐渐发展为内容、用户、消费为一体的电竞综合体；在文化方面，随着主客场制度的建立，城市基因和社区关系逐渐成为电竞俱乐部工作的一部分，构建起城市电竞文化；在产业方面，以电竞为主，包括艺术、游戏等丰富的产业链将成为众多城市争夺的高新产业资源。

2.3.3 中国电子竞技有望实现海外输出

中国电子竞技发展早期以向韩国为代表的游戏发达国家学习为主，甚至在相当长时间内处于落后水平。然而，随着中国逐渐成为全球最大的网络游戏市场，2014 年后，拥有更多的受众、更为成熟的产业链和商业模式以及更优秀的赛事成绩的中国电子竞技逐渐在全球范围内确立起了领先地位。中国游戏产业发展研究院《2020 年中国游戏产业报告》指出，我国电子竞技游戏市场实际销售额 1365.57 亿元，同比提高 418.3 亿元，增长 44.16%，而用户规模达 4.88 亿，增长 9.65%[①]。中国电子竞技的赛事体系及运营经验在发展过程中得到了

---

① 中国音数协游戏工委，中国游戏产业发展研究院. 2020 年中国游戏产业报告[EB/OL]. 中国新闻出版广电网，(2020 - 12 - 17). https://www.chinaxwcb.com/info/568247. DOI.

充足的积累,随着国产移动游戏产品海外市场影响力的提升,以及以腾讯等为代表的厂商在海外电竞赛事建设的推进,中国电子竞技的产品和经验已逐渐向海外市场输出,包括产品和赛事运营、商业化、城市融合等经验将有望影响更多的海外市场,并将使得中国电子竞技成为重要的文化出口产业之一。电子竞技是一项体育活动,也是一个经过长期发展的成熟产业,其存在和发展的价值,需要每一个人的努力,共同创造中国电子竞技的新未来。

扩展阅读

电子竞技与体育

　　虽然各界对电子竞技归属于体育存在许多不同意见,但电子竞技的体育性已被各体育组织认可。我国是世界上最早将电子竞技列为正式体育竞赛项目的国家,2003 年国家体育总局将电子竞技列为第 99 个正式体育竞赛项目。2017 年国际奥委会在第 6 届峰会上也同意将电子竞技视为一项"体育活动"(Sporting Activity)。2020 年亚奥理事会也宣布电子竞技项目为亚运会正式比赛项目,并于 2022 年登场杭州亚运会。2021 年 4 月 22 日,国际奥委会宣布一项史无前例的计划:将于 5 月 13 日至 6 月 23 日举办名为"Olympic Virtual Series"的一系列虚拟体育赛事(OVS),项目有棒球、帆船、赛艇、赛车和自行车。这是电竞入奥的重要里程碑,不仅为东京奥运会预热,也鼓励人们参与体育运动、宣传奥林匹克价值观。

项目 5
电子竞技赛事的分类与赛制

知识目标

（1）了解电子竞技赛事的分类

（2）了解电子竞技的代表性赛事

（3）了解电子竞技赛事的赛制

开篇案例

某电竞公司竞赛部为培养新人，经常会举办一些新人培训讲座。这天讲座培训的主题是"电竞赛事的分类与赛制"。有赛事编排经验的新人小张发现电竞赛事的赛制与传统体育赛事的赛制竟十分相似，这让他很受鼓舞。本节课的内容他掌握得非常快，在课后他对编排一场"漂亮"的电竞赛事已经跃跃欲试了。

◎ 任务 1   电子竞技赛事的分类

任务目标

（1）了解电子竞技赛事的分类维度

（2）明白与传统体育赛事相比，电子竞技赛事分类的独特性

任务描述

要理解电子竞技赛事分类方式的独特性，首先要理解电子竞技的独特性。

前文介绍体育赛事的分类有多种维度。电子竞技赛事分类方式有其独特性，具体分类如下：

按主办方分类可分为第一方赛事和第三方赛事。

游戏厂商称为第一方，由第一方举办的电子竞技赛事就是第一方电子竞技赛事。除游戏厂商外其他电子竞技赛事主办机构均称为第三方，由第三方举办的电子竞技赛事就是第三方电子竞技赛事。

按游戏类型分类可分为 MOBA、FPS、TPS、TCG、RTS 等赛事。

MOBA（Multiplayer Online Battle Arena Games）即多人在线战术竞技游戏。FPS（First-Person Shooter Game）即第一人称射击游戏，与此对应的还有 TPS（Third-Person Shooting Game），第三人称射击游戏。TCG（Trading Card Game）亦可称 CCG（Collectible Card Game），是集换式卡牌游戏。RTS（Real-Time Strategy）则是即时战略游戏。

按游戏平台分类可分为 PC 端赛事和移动端赛事。

按赛事规模分类可分为国际性赛事、全国性赛事、洲际性赛事和地方性赛事。

按举办地分类可分为线上赛事和线下赛事。

按比赛项目数量分类可分为单项赛事和综合性赛事。

按参赛选手分类可分为职业赛事和业余赛事。

按赛事性质可分成：

① 职业赛（游戏厂商主办或授权限定职业选手为参赛选手的比赛）、地推赛（具有商业目的，如推广品牌或产品）；

② 地域赛（由特定区域人员参赛的比赛）；

③ 邀请赛（不进行报名或选拔，受主办方邀请而获得参赛资格的比赛）；

④ 表演赛（以展示选手水平或娱乐为目的的比赛）；

⑤ 水友赛（以趣味为目的的比赛）；

⑥ 教学赛（以教学某项能力为目的的比赛）；

⑦ 训练赛（以提高技术水平为目的的比赛）；

⑧ 选拔赛（从报名参赛的人员中逐层选拔，直到选得比赛所要求的人数的比赛）。

◎ 任务 2　电子竞技代表性赛事

任务目标

了解国内外电子竞技代表性赛事的名称及其各自特点

任务描述

要出色地完成电竞赛事的策划工作，就必须熟悉各种有代表性的电竞赛事，本任务只做赛事的简单介绍，同学们课余时间还应有方向地去搜集相关赛事资料，进行深入的了解。

2.1　国际赛事

2.1.1　英雄联盟全球总决赛

英雄联盟全球总决赛（League of Legends World Championship）是所有《英雄联盟》比赛项目中荣誉、含金量、竞技水平和知名度均最高的比赛，参赛者来自各大赛区最顶尖水平的战队，每个赛区根据规模和水平决定其在总决赛当中的名额，该决赛一般在每年 9—10 月开赛。

2.1.2　守望先锋联赛

守望先锋联赛（Overwatch League）是世界上第一个以城市战队为单位的大型电竞联赛，是《守望先锋》比赛项目的最高殿堂。在全球各地的顶尖职业选手们可以拥有稳定的薪酬，同时可以在贯穿全年的比赛中争取冠军和数百万美元的奖金。

2.1.3 DOTA2 国际邀请赛

DOTA2 国际邀请赛(The International DOTA2 Championships,简称 TI)一年举办一次,是由 Valve Corporation(V 社)在 2011 年开始主办的世界性电子竞技赛事,也是奖金额度最高的电子竞技比赛之一。比赛有 16 支受邀队伍参加,奖杯为 V 社特制冠军盾牌,每一届冠军队伍及人员将被刻记在游戏泉水的冠军盾中。

2.1.4 绝地求生全球总决赛

绝地求生全球总决赛(PUBG Global Championship)是以《绝地求生》为比赛项目的全球性电子竞技赛事,首次举办是在 2019 年。全球总决赛的参赛队伍是来自在全世界 9 个赛区比赛中脱颖而出的职业战队。

2.1.5 世界电子竞技运动会

世界电子竞技运动会(World Electronic Sports Games,简称 WESG)是阿里体育于 2016 年打造的一项全球性电子竞技赛事,赛事覆盖了 125 个国家和地区。运动会包含了多个比赛项目,如 2017 年第二届赛事就包括《反恐精英:全球攻势》《DOTA2》《星际争霸 2》以及《炉石传说》4 个竞技游戏项目。

2.1.6 英特尔极限大师杯赛

英特尔极限大师杯赛(Intel Extreme Master,简称 IEM)是欧洲著名电子竞技组织 ESL 旗下的品牌赛事,由 Intel 独家冠名赞助。其比赛项目包括《反恐精英》《魔兽争霸》《雷神之锤》和《英雄联盟》。赛事于每年下半年在世界某些城市举行分站赛,第二年春季在德国举行欧洲总决赛和世界总决赛。

2.1.7 世界电子竞技大赛

世界电子竞技大赛(World Cyber Games,简称 WCG)是由韩国国际电子营销公司主办,并由三星电子、微软、SmileGate 等公司提供赞助的电子竞技赛事,于 2000 年首次举办。WCG 的官方口号和主题歌名均为"Beyond the Game"(超越游戏)。是世界上最有影响力的电竞赛事之一,对促进电竞运动发展起着十分重要的作用。

表 1.3 国际电子竞技代表性赛事

序号	赛事名	简称	主办方	赛事性质	赛事区域
1	《英雄联盟》全球总决赛	S 系列赛	Riot Games	第一方赛事	国际
2	守望先锋联赛	OWL	暴雪	第一方赛事	国际
3	DOTA2 国际邀请赛	TI	Valve	第一方赛事	国际
4	绝地求生全球总决赛	PGC	蓝洞	第一方赛事	国际
5	世界电子竞技运动会	WESG	阿里体育	第三方赛事	国际
6	英特尔极限大师杯赛	IEM	Turtle Entertainment	第三方赛事	国际
7	世界电子竞技大赛	WCG	三星	第三方赛事	国际

2.2　国内赛事

2.2.1　王者荣耀职业联赛

王者荣耀职业联赛(King Pro League,简称 KPL)是由腾讯互动娱乐主办,VSPN 承办的《王者荣耀》官方顶级职业联赛,2016 年举办第一届。比赛由春季赛和秋季赛两个赛季组成,每个赛季又分为常规赛、季后赛及总决赛三个部分。

2.2.2　穿越火线职业联盟电视联赛

穿越火线职业联盟电视联赛(Cross Fire Professional League,简称 CFPL)是由腾讯游戏主办,GTV 游戏竞技频道承办的第一个大型专业级落地电视联赛。赛事有着"俱乐部运作""明星打造""专业赛制体系""职业化直播渠道"等特点,具有很强的关注度。比赛由 10 支全国各赛区海选冠军和 6 支国内顶尖的俱乐部组成的 16 支队伍组成。

2.2.3　绝地求生冠军联赛

绝地求生冠军联赛(PUBG Champions League,简称 PCL)是由 PUBG 官方主办的《绝地求生》中国大陆赛区顶级联赛,赛事在 2019 年开始举办。

2.2.4　全国电子竞技运动会

全国电子竞技运动会(China E-sports Games 简称 CEG),是由中华全国体育总会主办的最具权威性的国家级电子竞技联赛。其宗旨是规范和普及电子竞技运动,提高中国电子竞技运动水平,向国际市场推广电子竞技运动,使中国成为全球性的电子竞技市场。比赛项目多样,设对战类和休闲类两种,同时设有"对战类联赛""业余比赛"和"电视擂台赛"三种比赛模式。比赛在 2004 年第一次举办。

2.2.5　英雄联盟职业联赛

英雄联盟职业联赛(League of Legends Pro League,简称 LPL),是中国大陆最高级别的英雄联盟职业比赛,也是中国大陆赛区通往每年季中冠军赛和全球总决赛的唯一渠道。该赛事在一年里有春季赛和夏季赛两次联赛,每次联赛分为常规赛和季后赛。

2.2.6　全国电子竞技电视联赛

全国电子竞技电视联赛(G League)即 G 联赛,在 2007 年开办,是由上海文广互动电视有限公司(SiTV)旗下全国数字电视频道游戏风云(Gamefy)主办制作的中国第一个电子竞技电视联赛,也是中国第一个综合性电子竞技赛事。其发展至今已成为中国第一、世界第二规模的综合性电子竞技联赛。自 2018 年起,G 联赛由游戏风云与明日世界竞技体育两家共同主办。

2.2.7　全国电子竞技大赛

全国电子竞技大赛(National Electronic Sports Tournament,简称 NEST)是国家体育总

局体育信息中心主办的全国性电子竞技赛事。赛事有线下赛和线上赛两个阶段。

表 1.4　国内电子竞技代表性赛事

序号	赛事名	简称	主办方	赛事性质	赛事区域
1	王者荣耀职业联赛	KPL	腾讯	第一方赛事	国内
2	穿越火线职业联盟电视联赛	CFPL	腾讯	第一方赛事	国内
3	绝地求生冠军联赛	PCL	腾讯	第一方赛事	国内
4	全国电子竞技运动会	CEG	中华全国体育总会	第三方赛事	国内
5	英雄联盟职业联赛	LPL	腾讯互动娱乐	第一方赛事	国内
6	全国电子竞技电视联赛	G联赛	游戏风云、明日世界	第三方赛事	国内
7	全国电子竞技大赛	NEST	国家体育总局体育信息中心	第三方赛事	国内

扩展阅读

中国职业电竞运动员人数

我国职业电竞运动员人数正快速增长,截至 2020 年 3 月,中国十大主流电竞项目中,英雄联盟、王者荣耀和和平精英的中国职业电竞运动员人数占据了前三位。具体见图 1.11。

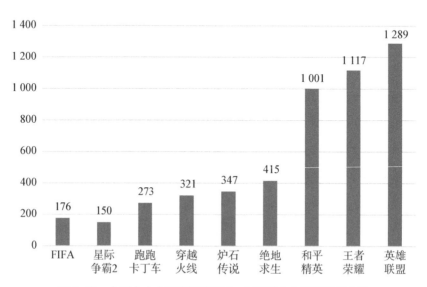

图 1.11　中国十大主流电竞项目中,中国职业电竞运动员人数

◉ 任务 3　电子竞技赛事的赛制

3.1　赛制的概念和原则

3.1.1　赛制及其相关概念

赛制即竞赛制度,是指为了真实体现和合理比较参赛者的竞技水平,使参赛者公平地决出比赛名次所采用的组织、编排方式和竞赛方法。赛制的制定通常涉及比赛轮次、比赛场次和比赛局数的概念。

(1) 比赛轮次在不同情况下有不同的含义。如在田赛中,表示为运动员试跳或试掷的次数,一般来说预赛和决赛各有 3 个轮次,也就是运动员有 3 次机会。在单循环赛中,所有队伍都参加完一场比赛,则为第一轮结束,所有队伍都参加完两场比赛,则为第二轮结束。在淘汰赛中,所有队伍都参加完一场比赛,同样为第一轮结束,剩下的队伍又全部参加完一场比赛,则为第二轮结束。

(2) 比赛场次的含义可理解为第几场比赛,也可指比赛的场数。

(3) 比赛局数指每场比赛进行对局的次数,一般以 BO× 表示。

BO1 指一局定胜负,一般用于循环赛、冒泡赛等。优点是利于把控比赛时间,缺点是增加了比赛结果的偶然性。

BO2 指连赛两局,通常在循环积分赛中较多出现。其有利于把控比赛时间,也被认为是 MOBA 类竞赛中最公平的赛制。

BO3 指三局两胜,在积分赛和淘汰赛中均较为常见。优点是在保证比赛公平性的情况下,兼顾参赛选手和观众的参与体验感,缺点是对比赛时间较难把控。

BO5 指五局三胜,一般用于较重大的赛事或重要的场次。缺点是较难控制比赛时间。

3.1.2　制定赛制的原则

(1) 公平性原则,是最基本的原则,指要使参赛者有同等的参赛机会和条件,并能够发挥真实的竞技水平。

(2) 便于比较原则,指通过比赛能够清楚方便地比较参赛者之间的名次。

3.2　常见的赛制分类

常见的赛制有循环赛制、淘汰赛制、混合赛制、佩奇赛制、扩展赛制等,每一种赛制下又细分为一些有各自特点的赛制,具体见图 1.12。

3.2.1　循环赛制

循环赛制是指每个队伍都能相互交手(交手几次取决于赛事需要),最后按成绩(净胜分数)计算名次的竞赛制度。这种赛制使得参赛队伍机会均等,能准确反映参赛队伍真正的技

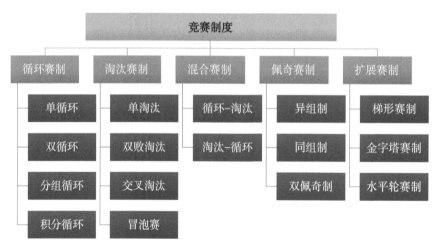

图 1.12　常见的赛制

术水平,利于保障赛事结果的客观和公平,有利于各队相互学习和交流经验。然而这种赛制也有其缺点,包括:

① 比赛时间太长,不适合参赛队伍多的赛事。

② 一旦有队伍中途退赛,将很难进行排名。

③ 每一场比赛除了影响对战双方的成绩,还可能影响到其他队伍的名次,这就可能产生故意输比赛的情况,影响比赛的公平公正。

④ 当有队伍胜负场次相同且得分相同时,很难确定名次。

由此可见,循环赛是一种封闭式的、易受干扰的竞赛制度。为避免运用循环赛制产生可能出现的麻烦,可代而选用排位赛制度。

循环赛可分为单循环、双循环、分组循环和积分循环等。

（1）单循环

单循环是指所有参赛队伍均相遇一次,最后按各队伍在全部比赛中的所获积分、得失分率排列名次。这种竞赛制度适用于参赛队伍不多,或者时间和场地都有保证的赛事。2020年英雄联盟全球总决赛入围赛阶段运用的就是单循环赛制。

① 单循环比赛轮次的计算。

计算比赛的轮数,是为了计算比赛所需的总时间。假如参赛队数是偶数（用 N 表示）,则比赛轮数为 $N-1$。例如:6 个队参加比赛,比赛轮数为 $6-1=5$ 轮。假如参赛队数是奇数（用 N 表示）,则比赛轮数等于 N。例如:5 个队参加比赛,比赛就要进行 5 轮。

② 单循环比赛场次的计算。

计算比赛的场次,是为了计算比赛所需的场地数量,并由此计算裁判员的数量,以及为编排竞赛日程表提供依据。单循环比赛场次计算的公式为: $X=N(N-1)/2$,即:队数×（队数-1）/2。例如:8 个队参加比赛,比赛总场数是:$[8×(8-1)]/2=28$ 场。

③ 单循环比赛的编排。

单循环比赛顺序的编排,一般采用"1"固定逆时针轮转法。无论参赛队数是偶数还是奇数,一律按偶数编排。如果是奇数,加入一个"0"号,与"0"相遇的队伍轮空一次。

例如:有 5 个队参赛,其编排如表 1.5。

表 1.5　单循环对阵表

第一轮	第二轮	第三轮	第四轮	第五轮
1—0	1—5	1—4	1—3	1—2
2—5	0—4	5—3	4—2	3—0
3—4	2—3	0—2	5—0	4—5

【案例】2020 年英雄联盟全球总决赛入围赛阶段的赛制介绍[①]

6. 赛事结构

6.1. 日程安排

1)入围赛小组阶段(9 月 25—28 日)

2)入围赛淘汰阶段(9 月 29—30 日)

3)小组赛阶段(10 月 3—11 日)

4)四分之一决赛(10 月 15—18 日)

5)半决赛(10 月 24—25 日)

6)决赛(10 月 31 日)

6.2. 入围赛阶段

6.2.1. 说明

全球总决赛的第一轮为入围赛分组队伍之间进行的单循环制单场胜负赛(BO1)。在全球总决赛之前,十支入围赛战队将会被分成两组,每组五支。每支队伍都要与其分组内的四支队伍进行一场比赛。

6.2.2. 选边

每场比赛的选边将随机预先决定。每支队伍将分别在地图的一方(即蓝方和红方)进行两场比赛。

6.2.3. 决胜比赛时间

决胜比赛将会在入围赛阶段各自小组的最后一场比赛后立刻进行。

---

① 英雄联盟赛事官网. 2020 年英雄联盟全球总决赛规则[EB/OL]. https://lol. qq. com/news/detail. shtml? type=1&docid=9126528670011030347.

6.2.4.两队平局

如果两队在入围赛阶段的分组内打平,则进行一场决胜赛确定最终排名。

6.2.4.1.选边

选边归属将取决于参赛队伍的相互对战记录。

6.2.4.2.三四名例外

排名第三和第四的队伍出现平局时,不需要进行决胜赛。

6.2.5.三队平局

如果入围赛结束时,战绩并列的队伍有三支,那么会考虑到所有涉及决胜队伍之间的相互对战记录。三队决胜相互对战记录一共有两种可能性,下面是每一种可能性的解决方案:

● 所有决胜队伍与其他队伍之间的相互对战记录均为1-1。在这种情况下,在入围赛小组阶段全部累计获胜时间最长(两支最慢的队伍)的两支队伍将进行一场决胜比赛,由总获胜时间较短的队伍选边。比赛的败者将成为平局队伍中的最后一名,而胜者将与累计获胜时间最短的队伍进行一场决胜比赛,由总获胜时间较短的队伍选边。第二次决胜局比赛的胜者将成为平局队伍中的第一名,而败者则成为第二名。排名第三和第四的队伍出现平局时,不需要进行决胜赛。

● 其中一支队伍的总成绩为2-0,下一支队伍的成绩为1-1,而第三支队伍的成绩为0-2。成绩为2-0的队伍自动成为平局队伍中的第一名,从而获得决胜局的胜利。成绩为1-1的队伍将会成为平局队伍中的第二名,而成绩为0-2的队伍将成为平局队伍中的最后一名。

6.2.6.五队平局:如在入围赛结束时,所有五支队伍战成平局,则战队将按照小组阶段总获胜时间排名。全部累计获胜时间最长(两支最慢的队伍)的两支队伍将进行一场决胜比赛,由总获胜时间较短的队伍选边。该场决胜赛的获胜队将与其他三支队伍一同进行单场决胜(BO1)单败淘汰赛,按照总获胜时间决定种子位置(最快的队伍将对战最慢的队伍)。按照第6.2.4.2章的规定,不举办第三名争夺赛。

(2) 双循环

双循环是指所有参赛队伍均相遇两次,最后按各队伍在全部比赛中的所获积分、得失分率排列名次。这种竞赛制度适用于参赛队伍不多,或要创造更多比赛机会的赛事。2017年LSPL春季赛采用的就是双循环赛制。双循环的比赛轮次、场次均是单循环的两倍。

① 双循环比赛轮次的计算。

假如参赛队数是偶数(用 N 表示),则比赛轮数为 $2(N-1)$。假如参赛队数是奇数(用

N 表示），则比赛轮数等于 $2N$。

②　双循环比赛场次的计算。

双循环比赛场次计算的公式为：$X = 2N(N-1)/2$。

③　双循环比赛的编排。

双循环与单循环比赛的编排方式一样，只是需要编排两次。通常第二次编排顺序与第一次顺序相反。

（3）分组循环

分组循环是指通过分组的方式，在各组内进行单循环或双循环，此赛制一般在参赛人数较多时使用。在每组中可设置种子选手，避免强队在小组中集中相遇。2020 年英雄联盟全球总决赛小组赛阶段使用的就是分组循环。

（4）积分循环

积分循环制即瑞士制，可以避免种子选手过早相遇和淘汰，是较为科学合理、运用最多的一种赛制。此赛制在《反恐精英：全球攻势》项目中已经成熟运用。

积分循环制以循环制和淘汰制为基础，随机抽签编排第一轮比赛，第二轮比赛根据第一轮的比赛结果，高分选手对阵高分选手，低分选手对阵低分选手，第三轮比赛根据第一和第二轮比赛的总分来编排，第四轮比赛则根据前面三轮比赛的总分编排，其余轮次的比赛以此类推。上一轮对阵过的选手在下一轮不会相遇，如此循环直至所有轮次结束。这种编排方式安排了实力相近的两队选手进行比赛，避免了强者对弱者的尴尬局面。同时这种赛制并不淘汰选手，所有选手都参加全部轮次的比赛，每一轮比赛采用一场定胜负的方式，省了大量时间。

例如：有 8 支队伍参赛，使用积分循环制。

第一轮：8 支队伍随机抽签比赛；

第二轮：4 支胜出的队伍抽签比赛，4 支失败的队伍抽签比赛；

第三轮：2 支连胜两场的队伍比赛，2 支连败两场的队伍比赛，4 支胜一场负一场的队伍抽签比赛。

3.2.2　淘汰赛制

淘汰赛制是每支参赛队伍只需与一两个对手比赛，就可确定能否晋级的赛制。这种赛制下比赛具有强烈的对抗性，适合参赛选手多、比赛时间和场地有限的情况下使用。

（1）单淘汰

单淘汰指所有比赛队伍根据随机抽签进行比赛，胜者进入下一轮，负者被淘汰，直至决出冠亚军。有时根据需要，还可以举行附加赛决出三四名等名次。2019 年英雄联盟全球总决赛淘汰赛阶段运用的就是单淘汰赛制。

①　单淘汰比赛轮次的计算。

轮次：$X = \sqrt[2]{N}$（X 为轮次，N 为参赛队数）。例如：有 9 支队伍参赛，则比赛轮数为：$\sqrt[2]{9} =$

3。如果 N 无法被直接开根号，则比赛轮数是与 X 最接近的较大整数。例如有 12 支队伍参加比赛，则 $X=\sqrt[2]{12}\approx 3.46$，则比赛轮数为 4 轮。当剩余 8 个参赛者时，该轮比赛称为"四分一决赛"（quarter-final），当剩余 4 个参赛者时，该轮比赛为"半决赛"（semi-final），只剩两个参赛者的轮次称为"决赛"（final）。

② 单淘汰比赛场数的计算。

比赛场数＝参赛队数－1，比如有 8 支队伍参赛，则比赛场数为 7 场。

③ 单淘汰比赛的编排。

编排时应将参赛队伍分成上下半区。为使强队不过早相遇，提高赛事后半程的激烈程度，可将 1 号、3 号种子选手排在上半区的最上边和最下边，2 号、4 号种子排在下半区的最下边和最上边，其他种子选手的排位以此类推，非种子选手则随机抽签补位。还有一种方法是部分种子选手直接从某轮开始参加比赛，即轮空。

淘汰赛在编排时，需保证参赛者数量是 2 的乘方数（2、4、8、16、32……），以确保每一轮比赛的每一位参赛者均能匹配到对手，如有 8 人参与比赛，则第一轮过后还剩 4 人比赛，第二轮过后还剩 2 人。如果参赛者数量不是 2 的乘方数，可以引入 0 代替参赛者，遇 0 的参赛者轮空。

轮空数＝与 N 最接近的较大的 2 的乘方数－N（N 是参赛队数）。例如参赛队数为 11，则轮空数＝16－11＝5。

（2）双败淘汰

双败淘汰指参赛者失败两次，则被淘汰出局，直至产生最后的胜者。具体而言是根据每场比赛的结果，把参赛者分成胜者组和败者组，在胜者组输一场，则进入败者组，在败者组中失败一场，则被淘汰出局。这种赛制较为费时费力，但却可以减少比赛结果的偶然性，使得实力强劲的队伍不会因偶然的一次失误就失去夺冠的机会。

双败淘汰的总场数为 $X=2\times N-2$（X 为总场数，N 参赛队数），如果最后冠军赛败者组队伍赢，则需要加赛一场，因为这种情况下参加冠军赛的胜者组队伍和败者组队伍均是只负一场，总比赛场数也就变成了 $X=2\times N-1$。例如，8 支队伍参加双败淘汰赛，参加冠军赛的胜者组直至比赛结束，一场未败，则总比赛场数为 $2\times 8-2＝14$ 场。

（3）交叉淘汰

交叉淘汰是指让上一轮比赛后不同名次的选手相互交叉进行比赛，胜者继续比赛，负者被淘汰。例如：某项比赛第一阶段将参赛者分成 A、B 两组进行单循环并决出小组名次，在第二阶段令 A、B 组的前 2 名进行交叉淘汰，A 组的第 1 名对阵 B 组的第 2 名，B 组的第 1 名对阵 A 组的第 2 名，两场比赛的胜者参加冠亚军赛，负者参加第 3、4 名赛。一般而言，交叉淘汰使得在小组获得第 1 的队伍可以对阵另一组实力相对较弱的队伍。

（4）冒泡赛

冒泡赛指比赛中前几名的队伍已经获得晋级下一轮的资格，而后几名的队伍为争取晋级资格而进行的比赛。具体方式是最后一名自下而上依次向上一名发起挑战,犹如水中冒泡,因而形象地称之为冒泡赛。冒泡赛在电子竞技赛事中十分常见,诸如《DOTA2》《LOL》都采用过此赛制。

具体"冒泡方式"如下:

第一轮:倒数第 1 名 VS 倒数第 2 名。

第二轮:第一轮胜者 VS 倒数第 3 名。

第三轮:第二轮胜者 VS 倒数第 4 名。

······

最后一轮:上一轮胜者 VS 差一名就可晋级的队伍。

3.2.3 混合赛制

混合赛制是将循环赛制、淘汰赛制等多种赛制集合使用的竞赛方法。比赛分为两个或两个以上的阶段,每个阶段采用不同的赛制。混合赛制综合了不同赛制的优点,利于提高参赛者的竞赛体验、减少比赛结果的偶然性、增加赛事的观赏性。

(1)淘汰-循环赛

当参赛队伍较多时,可以先采用淘汰赛淘汰一部分选手再进行循环赛。这种方式使得晋级循环赛(水平较高)的选手有更多的参赛机会,使比赛更具观赏性。

(2)循环-淘汰赛

采用先循环后淘汰的方式,使得各参赛队伍获得较多比赛机会,同时促使比赛结果更加合理,减少偶然性。目前大多电子竞技职业联赛都采用此种赛制,如:《守望先锋》职业联赛(OWL)、《王者荣耀》职业联赛(KPL)等。

3.2.4 佩奇赛制

佩奇赛制是介于单淘汰和双败淘汰之间的一种赛制。

佩奇赛制首先要求参赛者按照循环制或瑞士制的方式决出前 4 名,然后 1、2 名之间和3、4 名之间分别进行比赛。3、4 名之间的败者获得第四名。1、2 名之间的败者与 3、4 名之间的胜者再进行一场比赛,胜者与 1、2 名之间的胜者进行决赛,决赛胜者为冠军,败者为亚军。此赛制的优点在于使强队即使偶然失败一次或数次,也不会失去争夺冠军的机会,同时与双败淘汰制相比,减少了比赛场次。除了这种同组佩奇制,还有较为复杂的双佩奇制、分组佩奇制等。

3.2.5 扩展赛制

扩展赛制是指比赛可以无限期地延续下去,不受时间跨度影响的竞赛制度。这种赛制比赛场次不受限制,组织者只需根据需要确定一个期限或定期发布竞赛情况即可,对管理的要求不高。同时此赛制不会淘汰选手,但配对的对手比较随意,可能使得最终排名不准确。常见的扩展赛制有梯形赛制、金字塔赛制、水平轮赛制。

（1）梯形赛制

梯形赛制也称梯子赛制，是一种将参赛选手按实力从高到低的顺序填充梯子的格子并进行比赛的赛制。具体方法是比赛前通过抽签或者参赛实力将参赛者安排至梯子的格子内，比赛开始后参赛者可以向高层级格子的对手发起挑战，如挑战成功，则双方互换位置，在规定时间内，处在越高格子的选手，排名越高。

（2）金字塔赛制

金字塔赛制是指将参赛选手按实力高低，从上到下、从左到右填充金字塔格子并进行比赛的赛制。具体方法是比赛前通过抽签或者参赛实力将参赛者安排至金字塔的格子内，比赛开始后参赛选手可以向纵向较高层次或者向横向同等层次的对手发起挑战，挑战获胜则双方交换位置，在规定时间内，处在越高格子的选手，排名越高。

在扩展赛制中，主办方可以制定一些特殊规则，如：最多只能越一级挑战；金字塔赛制中需要先战胜一个同级对手，才能向上级发起挑战。

模块思考题

（1）体育赛事知识对学习电子竞技知识有何帮助？

（2）画一个体育赛事与电子竞技赛的关系图。

（3）电子竞技赛事有哪些价值？

（4）阐述电子竞技赛事发展的方向。

（5）阐述电子竞技赛事的赛制分类。

参考文献

［1］谭华.体育史［M］.北京：高等教育出版社，2009.

［2］中国音数协游戏工委，中国游戏产业发展研究院.2020年中国游戏产业报告［EB/OL］.中国新闻出版广电网，（2020-12-17）.https://www.chinaxwcb.com/info/568247.DOI.

［3］英雄联盟赛事官网.2020年英雄联盟全球总决赛规则［EB/OL］.https://lol.qq.com/news/detail.shtml?type=1&docid=9126528670011030347.

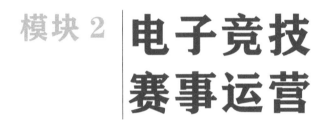

模块 2 ┃ 电子竞技
　　　　赛事运营

项目1
电子竞技赛事运营概述

知识目标

(1) 了解运营管理的概念

(2) 了解电子竞技赛事运营的概念与内容

(3) 了解电子竞技赛事的管理对象

开篇案例

某公司是一家电子竞技赛事运营公司。近期,为了拓展旗下业务,公司新招聘了一些员工。小吴正是这些新员工中的一员,作为一名刚从电子竞技相关专业毕业的新人,小吴对电子竞技行业充满了向往。公司开展了一系列新员工的培训课程,首期课程主要介绍了电子竞技赛事运营的概念、电子竞技赛事运营组织中常见的组织部门与具体岗位,旨在使员工对电子竞技赛事运营有更全面的认识,了解电子竞技赛事运营组织中各岗位的设置和具体的工作内容,以适应电子竞技赛事运营企业对赛事运营的需求。

任务1　电子竞技赛事运营的概念

任务目标

(1) 了解企业的三项基本职能

(2) 理解运营管理对于企业组织的重要性

(3) 了解电子竞技赛事运营的概念

任务描述

这是培训内容的第一节课,课程介绍了企业的三项基本职能:运营、财务、营销和它们的内在关系。重点讲述了企业运营职能的概念和运营在企业中的价值,体育赛事运营的具体概念与电子竞技赛事运营广义与狭义的概念。课程希望小吴和其他培训员工在完成本任务的学习后,对运营管理有更深入的理解,明确运营管理的重要意义,同时了解电子竞技赛事运营的概念。

1.1　企业的基本职能

如今人类社会已经离不开各类社会组织的身影,如医院、学校、银行等。企业正是社会组织的一种形式,是向社会提供有形产品或无形服务的营利性组织。有形的产品可以是由企业生产的物质产品如篮球、饮料、计算机。无形产品可以是由服务类组织提供的咨询服务、快递业务等。

图 2.1 企业三项基本职能及其联系

典型的企业组织有三个基本职能:运营、财务、营销。运营部门、财务部门与营销部门也是企业最常见的三个基本职能部门。这三个基本职能互相重叠,互相依赖,共同帮助企业实现经营目标,如图 2.1 所示。

在企业中,运营部门主要提供产品与服务。运营就是将企业购入的资源转换成顾客所需产品的流程,包括制造和服务流程。财务部门负责制定预算、对投资方案进行分析、为运营部门提供资金。营销部门负责对顾客的需求进行评估,销售或者推销企业的产品或服务。

运营管理是人类最主要的生产活动,对于大多数企业来说,运营职能都是它们的核心,对财务与营销职能起着指导作用。运营即是通过投入与转换,企业产出产品与服务的过程,在转换的过程中造成增值(例如,电子竞技游戏公司通过投入工程师与服务器等资源,经过编程、测试等转换流程,产出最终的游戏产品,具体见表 2.1)。

表 2.1 企业运营的流程

社会组织	投入	转换过程	产出
游戏公司	软件工程师、服务器	编程、测试	游戏产品
储运中心	库存物资、仓库、设施和管理员	货物的储存与运输	保管、送达的货物
医院	病人、医生、护士、设备和药品	医疗、护理过程(生理)	康复的病人
汽车厂	钢材、零部件、工人、工程师	制造与装配	合格的汽车
咨询公司	现状和问题、咨询师	咨询	管理方案
商场	购买者、商品储存、营业员	订货、促销、售卖	商品售出与满意的顾客

在这一过程中,运营职能的实质被展现了出来。在投入—转换—产出的过程中,运营活动实现了增值,即产出的价值或价格与投入成本之间的增值。产出的价值可以是实际的物质价值,如消费者愿意为产品或服务所支付的价格。被消费者认可的商誉、品牌等非物质价值也是运营所创造的价值。因此运营活动为企业创造了价值,是企业获得利润的基础,是企业竞争力的源泉。

实战训练

在电子竞技产业链下游的企业中选择自己较为了解的 3 种组织机构,如电子竞技直播平台、电子竞技玩家社区、电子竞技资讯垂直网站、电子竞技数据公司、电子竞技赛事场馆。尝试说出它们的运营岗位是如何运作的,各自都有着哪些投入、转换过程和产出。

1.2　电子竞技赛事运营的概念

　　体育赛事运营是组织机构依据事先的规划设计,将赛事活动呈现出来的过程。电子竞技赛事运营正是相关企业通过投入人力、资金、物资、时间等资源,产出电子竞技赛事相关的产品与服务的过程,在这个过程中价值能够持续增值。具体到某个特定的电子竞技赛事项目中,通过运营,赛事的组织者能够把控全局,在事前详尽的策划中将整个赛事设计勾勒出来,满足所有电竞赛事的利益相关者的诉求,从而保证该赛事的完成度和竞赛质量,扩大赛事影响力,提升赛事的品牌价值,同时获得预期的盈利,为产业链上游企业创造宣传效应,也为下游供应商赚取利润。狭义上,电子竞技赛事运营是电子竞技行业中的一个岗位名称,是电子竞技赛事的运营者,主要在电子竞技赛事中负责赛事的策划与执行,同时配合销售、市场和各类合作需求,对整个赛事的呈现效果负责。

　　赛事运营是整个体育产业链的核心,整个体育产业都围绕体育赛事的运营展开,赛事运营可分成三个部分,即职业赛事运营、大众赛事运营、综合性赛事运营。

表 2.2　电子竞技赛事公司运营的流程

社会组织	投入	转换	产出
电子竞技赛事公司	人力、资金、物资、时间	策划、执行、招商赞助、营销推广、评估与后续	电子竞技赛事产品与服务

　　电子竞技赛事的总体运营水平也决定着整个电子竞技产业的兴衰。电子竞技运动本身具备竞技性质,缺乏公平竞争的运动不是真正的竞技运动。电子竞技赛事需要通过高水平的办赛标准,为运动员们提供公平的对抗舞台,以实现电子竞技运动的最初目的。同时电子竞技赛事是整个电子竞技产业链中的中坚与核心,运营完善的电子竞技赛事能够同时为产业上游的游戏厂商、监管部门和下游的直播平台、媒体提供优质的内容,增强游戏产品的用户黏性、生命周期,为整个行业输送源源不断的资金,推动整个行业健康有序地发展。

实战训练

　　在招聘类网站中使用"赛事运营""运营"作为关键词,收集体育赛事公司与其他各类公司关于运营工作岗位的招聘要求。整理出 10 条赛事运营的岗位职责和 10 条任职要求。

◎ 任务 2　电子竞技赛事运营的内容

任务目标

　　了解电子竞技赛事运营内容的时间节点和相互间的关系

任务描述

这是培训内容的第二节课,课程介绍了电子竞技赛事运营中策划、执行、招商赞助、营销推广、评估与后续这五大内容以及它们之间的关系。课程希望小吴和其他培训员工在完成本任务的学习后,能够了解策划、执行、招商赞助、营销推广、评估与后续在电竞赛事运营中担任的角色。

电子竞技赛事运营主要包括以下五大内容,分别是策划、执行、招商赞助、营销推广、评估与后续。这五项工作内容之间不是非此即彼的关系,也无严格的先后顺序,它们是一个有机的整体,大致上贯穿了整个赛事的生命周期。

图 2.2　赛事运营内容

电子竞技赛事具有项目的特性,因此同任何一个项目一样,电子竞技赛事也具有一定的生命周期性。从产生时的萌芽期,缓慢成长,到达顶峰,随后终结。电子竞技赛事作为一项体育赛事,通常是一次性的活动,赛事从立项开始进行策划筹备,在过程中不断完善细节,直到最终的决赛作为高潮,随后便是赛后的收尾评估。不过随着近些年第一方厂商主导的赛事愈发稳定,许多联赛,甚至大型杯赛也具备了持续性的效果,赛事品牌不断得到延续,各个环节周而复始。

2.1　电子竞技赛事策划

电子竞技赛事策划是其他所有工作内容的基础,是电子竞技赛事招商和营销推广能够顺利进行的前提。赛事策划书的内容包括了赛事目标、赛事主题、赛事团队、竞赛规程、风险管理方案等部分。

赛事方案制订完成是赛事运营工作中一个重要的时间节点,此时赛事的运营团队已经基本敲定,并且拥有完整对应的文档用于指导赛事具体任务的推进,如赛事的招商方案与赛事的推广营销方案等。赛事的细节方案除了赛事目标和竞赛规程等不宜变动的内容,其余部分始终是在更新迭代的,赛事运营人员需要在后续的阶段继续主导或配合招商与营销工作,适时改动赛事方案。

2.2　电子竞技赛事赞助招商

电子竞技赛事赞助招商是电子竞技赛事组织筹备阶段的重要环节,赛事赞助是赛事收入中最为重要的组成部分,能够为电子竞技赛事的顺利进行提供所需的资源,包括人力、物资、技术和资金资源。而赞助商为了达到自己的目的,在付出资源的同时,也获得赛事方提供的冠名、直转播、广告等权益,赛事方和赞助商由此产生商业互惠关系。

理论上而言,赞助招商工作没有明确的开始或结束时间点,在赛事目标与主题确定后招商工作依然可以进行,直到赛事结束后的媒体宣传环节依然可以持续。在实际的电子竞技赛事运营过程中,赞助招商的工作主要是在赛事策划书和赛事招商方案制定之后展开的,在确认了主要的供应商与服务商之后,招商的主体工作如筹备、谈判、签约将会告一段落。许多招商团队同时会承担执行的工作,保证赞助商的权益能够在赛事中得到实现。

2.3　电子竞技赛事营销推广

电子竞技赛事的营销推广对电子竞技赛事有重要意义,通过互联网线上与线下渠道的各类传播,提升赛事的关注度。营销活动也能够宣传赛事的品牌价值和商业效益,为赛事赞助招商提供帮助。在所有的电子竞技赛事工作内容中,电子竞技赛事的营销推广是提升赛事影响力的主要方式。

从赛事的关键时间节点出发,赛事的营销推广工作往往是发生在赛事的策划方案制定完成之后。赛事策划方案中涉及的每一条信息都可能成为赛事营销推广的具体内容。如赛事的项目、赛事背景、邀请的选手和选拔选手的机制、报名方式、赛事运营团队自身、赛制、奖金都是可以在营销推广中放大,从而获得关注度的信息。

2.4　电子竞技赛事执行

电子竞技赛事执行与运营中其他环节是紧密联系的,在具体的执行方案策划完成后,执行工作是总体运营自然的延伸。策划中的每一项具体工作计划和行为规范,如竞赛工作计划、安全保卫工作计划、后勤管理计划和财务计划都详细指导着具体的执行工作。

电子竞技赛事执行是电子竞技赛事中不可或缺的环节,没有具体的执行,再好的策划也无法成为现实。优秀的执行人员要充分了解赛事规划的细节,明确自己的工作职责,对于自己所处的岗位,应有极高的专业度。

本书在讨论具体的执行工作时将着重讲述赛事的举办和控制阶段内的执行工作(赛事中的执行工作)。以赛事的关键时间点划分,赛事中通常指的是比赛开幕式开始到颁奖仪式或者闭幕式结束。

2.5 电子竞技赛事后续评估

电子竞技赛事的后续评估并非对整体赛事运作进行简单回顾,而是以赛事的主要目标为依据,对执行过程、运营效益、赛事影响进行全方面评估,通常包括赞助效果评估、财务状况评估、赛事综合影响评估。

通过具体的评估报告,电子竞技赛事的后续评估可以作为衡量电子竞技赛事运营效益的标尺,为赞助商合作方提供后续合作的信心。对于赛事运营组织来说,可以为未来其他赛事提供运营的参考,作为项目经验也是未来赛事策划的重要构成部分。

电子竞技赛事后续评估发生的时间节点是在整体的竞赛环节结束后,但是评估所需的信息与数据应当在比赛进行的过程中就留意收集。

实战训练　　假设由你负责策划一场 3 个月后的针对某高校学生的电竞赛事,请你制作一张电竞赛事的运营流程图,分点写明运营的内容及其需做的具体工作。

◎ 任务 3　电子竞技赛事管理对象

▋ 任务目标

了解电子竞技赛事管理对象的类别及特点

▋ 任务描述

电子竞技赛事管理对象的种类很多,理解各种类对象的特点,是本任务的重点和难点。

在电子竞技赛事运营过程中,计划、组织、领导、控制的资源主要包括人力资源、资金资源、物资资源、技术资源、信息资源、时间资源等。

3.1 人力资源

在所有的管理对象中,电子竞技赛事运营最需要关注的是人力资源。在一场电子竞技赛事中,涉及的人力资源包括了赛事的供给方、赛事的需求方与其他众多的利益相关者。利益相关者是能够直接影响一场电子竞技赛事目标的实现,同时在目标实现后受到影响的人或群体。

赛事运营团队、参赛选手是赛事的主要供给方,观众、媒体、赞助商是赛事主要的需求方。一场能够获得全社会广泛赞誉的电子竞技赛事,要考虑到所有相关利益者的诉求,在整体运营中能够统筹兼顾，最大限度地调动人力资源，发挥人的作用。

3.1.1　电子竞技赛事供给方

电竞赛事的主要供给方包括赛事所有权人和运营团队，以及参与比赛的选手。赛事的组织者负责运营体育赛事，打造体育赛事中最为核心的产品，对最终赛事呈现的产品和服务负责。赛事组织方的组委会成员、记分员、裁判、志愿者，以及一些有偿的临时雇员，也是赛事供给方。参与比赛的选手是体育赛事的直接参与人，他们的现身和赛场表现也是赛事产品的一部分。

赛事运营团队是所有电子竞技赛事中最为重要的管理对象，对赛事运营团队的管理内容包括运营团队各个部门的建设，对团队进行培训、考核、绩效评定等团队管理工作。赛事运营团队对自身的管理水平能够显著地影响电子竞技赛事整体产品的质量，优质的管理可以提高运营团队成员个人的潜能与积极性，保证团队的专业化与职业化。

参赛选手是较为特殊的人力资源，对参赛选手的管理要求赛事运营团队能够为选手提供良好的服务，建立最基本的公开、公平、公正的竞赛平台。如运营团队中的竞赛部制定赛制、报名选拔方式、赛事规则、选手手册，后勤部门为选手提供良好的训练、住宿、交通条件，并妥善安置参赛运动员的随行人员，包括教练、领队、家庭成员、经纪人、化妆师、队医等。如赛事运营团队获得选手的认可，将可能创造出更多的优质赛事周边内容，如媒介宣传部门安排采访选手，为选手获得曝光机会的同时借助选手的良好评价，创造更多的赛事内容，达到宣传赛事和赛事方的目的。

3.1.2　电子竞技赛事需求方

电子竞技赛事需求方主要包括普通观众、媒体与赞助商等。

赛事运营团队需要制定观众的购票、交通住宿、线下观赛直至最终离场的一套完整的方案。线下观众出现在摄像机中可作为直观的赛事产品，线下观众对赛事的二次传播对赛事口碑也有很大的影响。从这两个维度出发，赛事运营团队需要注重线下观众在直播中能够参与到的环节，如直转播中设置的现场观众互动环节。为此对登场观众的培训，粉丝应援物品的发放，观众自带饮食、标语的检查等工作也应引起重视。除此之外，绘制精确的交通路线图、提供交通便利等都是对观众的管理内容。

媒体是体育赛事中独特的需求方，媒体的报道可以提高赛事的影响力与吸引力，能够直接影响到媒体终端覆盖的赛事消费者。赛事运营团队需要为媒体提供良好的赛场保障服务，通常赛事场地都会拥有良好网络环境的媒体工作室与用于选手采访的封闭空间。

除了以上提到的体育赛事需求方之外，线上观看直播的人群、直播平台等也是赛事需求方。此外重要的到场嘉宾如赞助商、政府官员、社会名流等尽管数量不多，但是对于赛事的口碑和未来发展有着重要的影响力，通常赛事组织者需要预备 VIP 室为其提供优质的观赛服务。

3.2 资金资源

电子竞技赛事对资金资源的管理是对赛事成本与赛事收益的管理。电子竞技赛事的目标有可能并不是盈利,但是依然不妨碍赛事运营团队应当加强对资金的管理,在最低的成本下,实现综合效益最大化。电子竞技赛事对资金资源的管理主要体现在编制赛事预算表,通过招商等途径募集资金,对赞助、门票、直转播等的收入进行合理规划等。

对于大型电子竞技赛事而言,在举办的过程中对于资金资源的需求甚至远超传统体育赛事所需的费用。除了用于申办、报批、开闭幕式的演出费用,参与者的差旅食宿、安保医疗服务等大笔费用之外,还需要配备大量的高配计算机设备用作比赛设备和训练设备的费用、直转播费用、网络服务的费用等。为了保证现场观众能够看清虚拟的比赛细节,相对于传统体育项目,电竞赛事主舞台使用的现场电子屏幕更大,因此对于场馆的层高也有更高的要求,搭建舞台与场馆租赁的费用随之增加。同时电子竞技赛事的奖金也普遍超过传统体育赛事,因此电子竞技赛事的运营团队对于资金资源的管理也要足够重视。

以往第三方主导的电子竞技赛事就曾极度依赖赞助商,主要赞助商的主营业务受损会导致第三方主导的电子竞技赛事受到波及甚至停办。如 ESWC(Electronic Sport World Cup,电子竞技世界杯)自 2003 年开始举办,声誉极佳,但是主办公司 Games-Services 在 2009年破产。此间的 6 年赛事仅有 2008 年一年为主赞助商 Nvidia 获得了收益,于是在 Nvidia 离场后,ESWC 也无力维持。2010 年之后,ESWC 在世界范围内鲜有消息,唯一能登上网站新闻的是 ESWC 至今仍然拖欠 2008 年时选手应得的奖金。同样,WCG(World Cyber Games,世界电子竞技大赛)在主赞助商三星集团撤资后也在 2014 年宣布停办(WCG 于 2019 年回归)。

3.3 物资资源

电子竞技赛事对物资的管理体现在赛事运作的各个环节,物资包括竞赛设备、证件、直转播设备、餐饮住宿设施、宣传材料等,同时还包括舞台、线下周边商铺、对战桌等赛事项目建设所需的材料、半成品和物件。对于赛事运营组织而言,需要预先安排一个切实可行的物资资源准备计划,统一对物资的筹集、使用、储存进行规划。这一系列计划可借助需求清单,对物资的名称、数量、型号、获取时间等信息进行统计。除了物资需求清单,还应制定物资损毁或丢失的预案,建立一系列物资仓储、领用、归还制度。有时为避免出现赛事因为缺少器材设备而无法进行的事故,还需对重要器材设备进行备份。在必要时还可以购买对应的物资保险,防止财物损失。

3.4 技术资源

随着现代科学技术的发展,任何体育赛事的运营都离不开科技的支持。电子竞技是以信息技术为载体,实现人与人在虚拟场景中进行的对抗运动,因此技术资源在电子竞技赛事运营中是更加值得重视的管理对象。技术资源是一个复合的概念,它既包含了所需的物理设备,属于物资资源的范畴,也包含了赛事运营人员中的技术人员,属于人力资源的范畴。成熟的赛事运营组织要确保拥有专业的直播设备以及系统的解决方案,同时拥有稳定的核心技术团队。

表 2.4 某赛事运营公司的主要技术能力

名　称	详　细　描　述
广播电视级别整套 1080P 全高清系统	包括 24 路一体式切换平台,可以在直播中同时嵌入 24 个信号画面,并完成同时 6 路全高清信号 4：2：2 无损录制
3D 全高清在线包装系统	用于视频制作的数据包装
H.265 独立编码采集系统	能在 1.5M 带宽的情况下观看达到之前最先进的 H.264 编码所需 200% 带宽质量的 1080P 全高清直播画面
直播分发推流系统	完成现有主流直播平台 1080P 全高清画面同时分发能力,并可以设置最高 30 分钟的直播延迟,满足广播电视安全直播以及赛事安全等需求
全高清慢动作回放系统	可以在直播中无极变换 20%～100% 速率的慢动作

对于电子竞技竞赛项目本身,让赛事正常运行需要选用合适的比赛场馆与比赛设备。赛事运营者要保证赛事的正常运行,就要保证最为基本的技术资源——网络与电力。赛事运营者为达到这一目标,在网络方面,应当选用稳定的网络供应商,甚至争取获得游戏厂商的支持,直接安置在线下的比赛服务器。对于电力,在 2008 年的魔兽争霸 3 项目第三方赛事 PGL 和 2019 年绝地求生官方授权的 MET 主办的亚洲邀请赛中都曾经出现过断电重赛的事件。而 UPS 不间断电源的使用避免了因为停电导致比赛中断不得不重赛的尴尬场景。除了电子竞技赛事的竞赛环节本身,直转播技术也是电竞赛事中另一个关键的环节。只有线下线上的观众能够顺畅地欣赏到游戏中内置的观战角色(在执行岗位中被称作游戏导演,Observer,简称 OB)所呈现的画面,电子竞技赛事才算完整。哪怕是最小型的电子竞技赛事也应当具备最基本的投屏技术,否则赛事运营生产出的赛事产品就是残缺的。对于需要通过推流,在直播平台等渠道进行直播的赛事,直转播技术能够体现赛事运营团队的专业性。从现场摄像的调度、游戏内置的游戏导演水准,到字幕和特效的实时切换,一场电子竞技赛事能否流畅、无事故地进行需要诸多技术岗位的配合与高科技设备的支持。

对于赛事运营者来说,技术资源也能够为运营工作提供极大的便利。从赛事相关信息的搜集整理、各部门的沟通、赛事方案的成型到具体的执行都离不开现代科技提供的技术支持。

3.5 信息资源

信息资源的管理本质上是为了确保信息的传递与理解,以达到有效沟通的作用。电子竞技赛事运营中的信息管理不仅可以提升工作效率,也是保证赛事的整体运营能够顺利进行的前提条件。

信息资源的管理主要从内部沟通和外部沟通两个角度建立完善的沟通系统,保证信息在运营团队内及时有效地传递,同时保证外部需要接收到信息的角色也能够准确地接触到信息。

赛事运营团队内部的信息资源管理可以借助信息管理系统。在电子竞技赛事中,涉及线下执行环节,内部通话系统的应用已经日趋常见。使用随时携带的耳机,身处导播间的直转播团队和身处比赛现场各处的现场执行团队,乃至舞台上的裁判都可以随时沟通。在许多赛事中裁判可以直接和选手进行对话,在不影响比赛进程的情况下保证赛事的公平。

会议是电子竞技赛事运营进行外部沟通的常见手段。大型的体育赛事在赛前都会举行一场由主办方、裁委会、队伍领队、选手共同参与的赛前技术会议,往往也称作为选手欢迎仪式。各类型的新闻发布会也起着和外部沟通的作用。由竞赛部门制作的赛事宣传手册和体育赛事竞赛手册则是体育赛事各主体进行沟通的载体,电子竞技赛事常常会通过赛事的宣传网页将这些信息传达给社会公众。

3.6 无形资产资源

体育赛事无形资产是指在赛事运营过程中受特定主体控制,能为所有者持续经营并带来经济效益的非实物形态的资产。体育赛事无形资产的管理内容包括维护品牌形象、扩大赛事影响力、维护与相关部门的关系等。具体类别如下所示:

3.6.1 知识产权

主要包括专利权、商标权、域名权、冠名权、品牌、俱乐部名称和团队标志、赛事会徽和吉祥物等。

3.6.2 技术秘密

是指体育赛事运营活动中使用的、未公开且未申请专利的知识和技术。包括体育技术资料、体育训练方法、体育营养配方、体育食品制作方法等体育赛事科学成果。

3.6.3 经营秘密

是指体育赛事运营组织所掌握且不为公众所知晓的信息和资料,能为拥有者在同行业的竞争中取得优势地位,带来的收益能超过本行业一般收益水平。

3.6.4 特许经营权

特许经营权是赛事运营组织向政府或企业取得的业务许可及资质,包括体育项目经营权、体育场地使用权、体育运动空间和区域管辖权及使用权、广告发布权、广播电视转播权等。这些权利资质通常由某些许可证来展示,如《广播电视节目制作经营许可证》《中华人民共和国增值电信业务经营许可证》《网络文化经营许可证》《营业性演出许可证》等。在电竞赛事中,运营组织和游戏研运商的合作关系也是一项重要的无形资产,获得游戏研运商的支持,可以直接或间接为运营组织带来利益。

3.7　时间资源

以上所有涉及的资源的利用都应当在一定的时间内完成,对于其他资源的管理本身就包含了时间资源的管理。对于时间资源管理本身,电子竞技赛事运营者必须确定赛事的举行时机与赛事运营环节细节任务的时间编排。

选择赛事的举行时机指的是在最初赛事策划的过程中明确比赛进行的时间点。如对于在户外进行的电子竞技赛事,应当考虑到出现恶劣天气的可能,准备预案,以避免赛事无法正常进行。赛事应当避免与更具影响力的赛事同时举行,避免赛事的关注人群受到分流,自己的赛事无法招募到选手、优秀的执行团队和专业的裁判,在赞助商、媒体、政府的资源竞争上陷入下风。

电子竞技赛事时间管理通常涉及对人的管理,在其他环节都已经准备就绪,唯独参赛的选手没有按时到场的事故时有发生,这就要求通过先管理人,再管理时间。

在赛事运营环节中的每一个单项任务上,对时间资源的管理需要通过进度管理计划等工具和方法确保任务能够在合理的时间内完成。进度计划要求明确说明完成任务的具体内容、开始和完成任务的时间。在精确地拆分任务之后,将赛事项目的每个任务进行分别管理,确保每一个单独的任务能够在准确的时间点前完成。

实战训练　　画一个电竞赛事管理对象图,思考管理对象之间有哪些联系以及还有哪些书上没有提及的管理对象。

项目 2
电子竞技赛事运营组织

| 知识目标

（1）了解电子竞技赛事运营部门的种类和职能

（2）了解电子竞技赛事运营各部门之间的联系

（3）学会制作电子竞技赛事各运营部门的关系图

| 开篇案例

就读体育院校体育赛事运作专业的小张今年毕业了，他准备应聘一家电竞公司，可是在选择部门的时候却犯了难，到底什么样的部门职位适合自己呢？于是他向在电竞公司工作了 5 年的师兄请教，师兄详细向他介绍了电子竞技赛事运营组织的部门。

电子竞技赛事的运营组织是运营工作的主体，通常是赛事的主办方。作为电子竞技赛事的主办方可以是公司、政府机构或者其他形式的社会组织。在第一方主导的赛事运营中，运营组织的主体可能是游戏厂商内部的赛事项目组，也可能是游戏运营商。在第三方主导的赛事运营中，运营组织的主体可能是政府机构、专门的电子竞技赛事运营公司、直播平台、短视频软件公司等。

在电子竞技赛事的运营过程的最初阶段，建立项目团队是一项重要的任务。大型的综合类赛事中会存在赛事组委会这一机构，赛事组委会由主办方的核心管理人员、主办地政府相关人员和外部顾问等角色构成。组委会负责制定赛事的目标与任务。赛事组委会在一些周期性赛事中可以长期存在，也可能在赛事结束后便解散。对于策划周期较长的大型综合性赛事，在组委会成立前会成立临时组委会，同时一些赛事组委会会受到专门的体育赛事委员会如国际奥林匹克委员会的监督与管理。赛事组委会常见的下级部门包括组织部、竞赛部、内容制作部、宣传部、商务部、后勤部等部门，根据不同的专业职能和业务特点进行划分，是一种传统的依据职能结构进行的组织结构设计。

图 2.2　常见电子竞技赛事运营组织

电子竞技赛事运营公司也存在着类似的部门架构,除了承担主要营销职能的市场部门、商务部门、宣传部门,承担财务职能的财政部门,还有负责企业其他职能的行政部门。在相关企业执行具体的电子竞技赛事项目时,也会根据特定项目的性质和规模划分不同的组织结构,职责和组织命名也会略有不同。本文主要介绍组织部、竞赛部、内容制作部、商务部、宣传部、后勤部这六个常见的电子竞技赛事运营组织。

◎ 任务 1　组织部

任务目标

　　了解组织部的具体职能

任务描述

　　组织部发挥着统筹全局的作用,了解组织部的各项职能,对于理解其他部门的职能会有一定帮助。

　　组织部是电子竞技赛事各个部门的上级枢纽部门,通过对人力、资金等资源的调控,对赛事进行整体运作。大型赛事的赛事组委会有时会承担这部分的职责。

　　在特定的公司和组织中,董事会、总裁办、项目经理等角色会设置组织部、统筹部,单一行使竞赛的统筹与组织功能,设定公司或者赛事的工作制度,制定岗位职责,安排人员分工。具体来看,组织部的职责如下。

1.1　目标管理

　　将赛事的多个目标汇总,确定最主要的赛事目标,并针对赛事目标细化赛事的各项任务。在确认各项具体任务后,组织部会进行进一步的管理工作并对任务进行合理分配。

1.2　人员管理

　　建立整体电子竞技赛事内外的工作运转制度和各个岗位的绩效管理计划与奖惩措施。审议确定赛事所设立的各个部门和成员名单,明确各个部门的负责人。

1.3　信息管理

　　组织电子竞技赛事的重要会议。把握其他部门的工作进程,协调各个部门之间的关系,确保最新消息能够同步传递给所有赛事相关人员,保证赛事按计划进行。

1.4　风险管理

　　组织部应当对赛事的宏观风险有所把控,处理赛事期间发生的重大风险。这要求组织部成员能够收集风险信息,面对风险能够采取正确的应对措施,从而实现对项目风险的有效控制。

1.5　财务管理

组织部应当明确赛事预算,为财务部门、商务部门制定目标。在关注赛事进展时监控费用的使用情况,督促查明与预算的偏差,及时通知产生偏差的部门进行控制。

实战训练　如果你作为某电竞赛事运营组织部的负责人,你将如何管理组织部,又将做好哪些工作呢? 把你的计划写下来。

○ 任务 2　竞赛部

任务目标

(1) 了解裁判团队的人员组成及其职责

(2) 了解竞赛部督导协助其他部门的工作内容

任务描述

为保障赛事顺利进行,竞赛部还要督导协助其他部门,给出一些专业的意见,这就使得竞赛部的职责较为繁杂。

竞赛部是电子竞技赛事运营工作得以正常开展的核心部门,竞赛部应致力于保证参赛选手能够获得公开、公平、公正的竞赛舞台,确保实现电子竞技赛事的主要目标。竞赛部的主要工作职责如下:

2.1　统筹竞赛工作

统筹竞赛机构的计划、组织、管理、实施等工作。设置竞赛工作相关的运转制度和工作制度。如拟定工作岗位,制定岗位职责,安排人员分工。

2.2　编制竞赛规程

制定电子竞技赛事方案与规程,并对竞赛相关的流程做好把控,如组织电子竞技赛事开始前的技术会议等。

2.3　建立裁判团队

建立赛事的裁判员团队,包括设置裁判员委员会,编制技术官员、裁判员的审定标准,确认招募外聘裁判和内部的裁判员选拔的方式,对总裁判长、副裁判长、技术裁判、检录员等岗位进行人员安排,组织裁判员的集中培训,建立周密的比赛成绩记录与公布体系等。

电子竞技裁判是赛事的仲裁人,需要在较短时间内作出最合理的判罚,以保证赛事的公平性和专业性。在大多数人心中,电竞裁判员的工作主要是防止选手通过软件和外设进行作弊,其实电竞裁判的工作不限于此。比如:在比赛开始前,裁判需要核实参赛者身份,调试好机器和设备,以确保选手能正常进行比赛。同时裁判要向运动员介绍基本的参赛规范,一旦双方队伍出现矛盾和分歧,需要出面协调。在出现网络故障时,裁判要立即根据情况作出处理。在比赛过程中,观众站在电竞选手身后围观可能会对选手造成影响,因此,裁判要将比赛区隔离出来,避免观众对选手产生干扰。在比赛结束后裁判需要归纳比赛结果。

2.4　督导竞赛相关环节

督导、协助其他部门完善竞赛本身的相关环节,包括对比赛场馆、设备器材规格提出技术要求,参与赛前的调试,组织实战测试,确保最终在电子竞技赛事进行时能提供给运动员优质的竞赛环境。竞赛组还要参与到赛事项目的整体运营工作中,如参与比赛场馆的建设或改造,场地布置,采购或租赁设备设施的过程。竞赛组也负责编制开幕式与颁奖方案,制作竞赛奖杯、奖章、奖状、证书等与竞赛密切相关的环节。

实战训练　写一个竞赛部的职责大纲,简略说出各项职责的工作内容。

○ 任务 3　内容制作部

任务目标

（1）了解内容制作部的组成及其职能

（2）理解赛事执行组的人员构成及其职能

任务描述

赛事执行组的人员构成及其职能是本任务的重点,因为这是学习"模块 6　电子竞技赛事执行"的基础。

内容制作部主要负责电子竞技赛事内容的生产,确保赛事及赛事周边内容的产出,满足观众需求,提升整体赛事观赏性。

内容制作部从产出的内容上可以分为直播团队和赛事周边内容团队两类。直播团队主要负责比赛进行期间的直播内容,对赛事直播的画面负责,保证比赛直播、转播环节的顺畅。赛事周边内容团队主要负责制作用于赛前预热和赛中播放的视频栏目等,充实赛事内容,打造赛事文化。在比赛期间,赛事周边内容团队也要拍摄素材,为赛后的后续宣传和下一届赛事做准备。

内容制作部从工作位置上可以区分为导播组和现场执行组。主要在导播间工作的工作人员和现场摄像通常归属于导播组。主要在现场进行工作的场馆灯光、屏幕、音响控制人员、现场导演等归属于现场执行组。主持人与解说员也可以视为现场执行组的一部分。

根据不同电子竞技赛事的具体需求,内容制作部可能有着不同的设置。在无须进行网络直播的赛事中,除了游戏导演外不会设置其他导播组岗位,在线上进行的比赛中,现场执行部无需存在,组织部或竞赛部便可完成对人力、物资资源的调配。在规模较小的电子竞技赛事中,也无需存在赛事周边内容制作组。内容制作部参与的赛事相关环节较多,沟通对象复杂。下文在介绍内容制作部的主要工作职责时将对特定的岗位进行详细介绍。

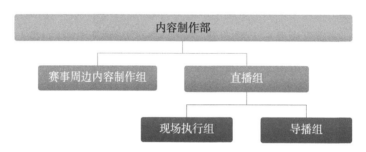

图 2.3　电子竞技赛事内容制作部

3.1　导演组

电子竞技赛事的导演组对赛事制作的整体效果负责。总导演或流程导演是整个赛事的指挥棒。导演组可以对所有赛事资源进行调配,保证赛事直播在遭遇意外时,赛事运营团队能够及时应对。

导演组应当规划赛事的美术风格,把控赛事氛围,具体包括制定线下舞台的舞美方案,审核确认直播中的各类面板包装的美术设计等。同时导演组需要策划所有赛事相关的流程,如赛前策划赛事制作方案,对开幕式、选手登场、颁奖仪式等活动进行控制,邀请赛事所需的节目表演团队、主持人解说,对赛事期间表演的其他节目内容、主持人口播内容进行把控。此外,导演组也要负责选定直播相关的设备,制作设备系统图,协助导播确定摄像机的机位布点,赛前进行摄像设备的布置与测试,协助比赛现场灯光、屏幕、音响的布置与测试。

3.2　游戏导演

游戏导演(OB,Observer 观察者)是电子竞技赛事中独特的岗位,负责将游戏画面、竞技情况传递给观众。在最早的电子竞技项目中,没有成熟的观战功能,譬如《星际争霸1》中 OB 需要和选手一起进入游戏,再和两边的选手各自结盟,获得他们的视野才能正常观战。随着电子竞技运动的成熟,绝大多数游戏在研发的过程中就考虑到了用户观战的需求和电子竞技赛事的要求,设定了成熟的观战功能。

游戏导演履行工作职责需要很大程度地依托游戏软件本身的功能,根据不同游戏的内置功能和项目特性,制定不同的观战策略。因此要了解游戏内各类镜头的切换方式,第一视角、第三视角、自由视角以及远、近镜头切换的内在逻辑,游戏内置的各种功能面板等内容。

在要求不高的小型赛事中,游戏导演一人即可完成导演任务,但是在大规模赛事中,通常需要有庞大的游戏导演团队。游戏导演团队除了为主 OB 提供辅助,增设副 OB 职位承担回放任务,有时还负责使用第三方软件,调用游戏内部接口,研发能增强观赛体验的工具等工作来提升观众的观赛体验。譬如在《英雄联盟》赛事中,OB 可以通过第三方软件使得游戏视角产生变化,展现出更新奇有趣的画面。

图 2.4　《英雄联盟》中正常的游戏观战画面

在有些电子竞技项目中,如《绝地求生》的比赛一般需要同时观战 64 名选手的动态,对应的游戏导演岗位就会更加庞大。专业的游戏导演团队会设置专门的第一视角 OB 员、自由视角 OB 员、地图视角 OB 员、战术回放 OB 员,力求能将自己所负责的游戏内容中精彩的环节全数捕捉。同时游戏导演团队需要一个专门的 OB 导播来对这些内容再进行甄选,对比赛进行最终的呈现。在战术竞技类这一类比赛项目中,多个战场会同时爆发战斗,这时导播就可能需要在画面的边缘打开小窗,对另一处战场进行播报。多工种的配合,使得如今的电子竞

图 2.5 《英雄联盟》中经过游戏导演更改过的观战视角

技赛事能够更加立体、多角度地呈现,降低了观众的观赛门槛,有益于电子竞技赛事的普及。

由于电子竞技运动发展迅猛,游戏导演时刻面对着新的竞技项目的挑战。比如在 2019 年开始火热的自走棋类别的项目也诞生了许多赛事。自走棋项目类似棋牌类项目,在直播的时候需要尽可能把选手手中的资源都展示给观众,才能让观众获得完整的游戏体验。传统的棋牌类项目最多展示 4 家资源,观众的观赛体验尚能接受。但是电子竞技的项目如《DOTA2》中的 DOTA 自走棋、《英雄联盟》的云顶之弈、《炉石传说》的酒馆战棋都是 8 名玩家同时进行游戏。游戏导演团队在画面简洁和展示完整的信息间就很难找到一个平衡点,在最初的一些赛事中,我们能看到游戏导演团队将 8 名选手的操作画面全部拼接到了主画面上,观众面对海量的信息也很难迅速地找到自己想要关注的特定信息。同时,过于复杂的直播画面反而不利于游戏项目本身的推广,劝退很多路人玩家,要知道自走棋项目本身就是偏重娱乐性而非竞技性的。类似粗暴的游戏画面展示模式使游戏项目本身的特点被掩盖,和赛事本身的目标背道而驰。因此,赛事运营团队也在不断地对自己的游戏导演技术进行更新迭代。

3.3 导播与摄像组

电子竞技赛事的导播和传统的电视节目导播工作类似,需要通过指令指挥摄像师控制镜头,对不同的摄像机位进行切换,挑选最合适的镜头,对最终呈现的实时直播画面负责。

电子竞技赛事产出的直播内容中,游戏本身呈现的赛事内容最为重要,但是现场画面也是不可或缺的部分。即便是直播游戏内的画面时,导播依然需要协调导播组中其他岗位的工作,如游戏导演、字幕、慢放和音控。对于不同的导播控台设备的熟练度,和摄像组的配合默契程度都会影响到一场电子竞技赛事最终呈现的现场画面的流畅度和完整性。

导播要有较高的专业能力,如能够在面对突发情况时拥有极强的临场应变能力,有着许多综艺节目、赛事直播经验等。导播在电子竞技赛事中是重要的岗位,但是成为一名合格的导播需要积累相当多的项目经验,目前电子竞技赛事的导播往往来自专业电视台。电子竞技产业内自发培养的合格导播还很稀少,对电子竞技赛事直播外的导播经验也相对缺少。因此许多赛事会选择外聘导播和摄像团队来完成游戏外的画面呈现。如 2019 年在印尼举办的 PMCO(PUBG MOBILE Club Open)开幕式,赛事运营团队 VSPN 请到了中央电视台的导播和与央视合作的摄影团队进行摄导。

也正因为电子竞技赛事中导播职能的重要性,专业的赛事会配备额外的导播切换台,流程导演等角色应有基本的控台能力。

图 2.6　VSPN 导播室

摄像组直接对导播负责,合格的摄像团队要有专业的技能和良好的沟通理解能力,能够解决设备出现的常见问题,并和导播建立默契,呈现出导播所需的镜头。

在电子竞技赛事中,常见的摄像设备除了广播级摄像机、展现全景的摇臂摄像机、选手面前的第一视角摄像头之外,斯坦尼康(Steadicam,摄影机稳定器)、摄像机轨道车、飞猫索道摄像系统也时常被运用,以便导播能够展现出更丰富的镜头语言,给观众带来不一样的观赛体验。随着科技的发展,目前也诞生了很多可以用于电子竞技赛事直播的轻型设备,譬如很多相机设备也能够直接进行推流,配合稳定器的使用就能满足小型赛事对于现场直播画面的要求。

3.4　导播组的其他工作人员

导播组的其他工作人员包括但不限于以下这些岗位:音控、字幕、回放、VCR 放像、推流。他们共同为直播的画面内容负责,在流程导演和导播的指挥下,根据赛事策划环节中确定的直播流程,执行着各自岗位的具体工作。

音控人员负责对进入直播的音频进行把控,除了游戏内的游戏声音、解说员与主持人的声音之外,还负责赛事期间的背景音乐播放。

字幕操作人员负责制作和更新赛事的字幕包装,包括静态的人名条、口播广告与动态的赞助宣传、选手阵容板等。字幕操作人员要求能够熟练地操作字幕机与图像处理软件。

回放人员主要负责慢镜头回放设备的操作,可以为游戏导演的内容提供补充,同时在赛事期间录制、剪辑可以用于赛事期间立刻播放的现场素材。

VCR放像在要求直播的电子竞技赛事中较为复杂,不同于录播的综艺节目可以使用普通PC电脑的视频播放器播放对应时刻所需的影片,电子竞技赛事为了保证最佳的放像效果,避免卡片、与其他设备串信号等直播事故,会设计专门技术解决方案,使用专门的设备进行放像,同时由导播控制切换台控制播出。

推流指的是把采集阶段封包好的内容传输到服务器的过程,在电子竞技赛事中是将导播呈现的最终赛事图像与音频从采集、编码到传输的过程。推流工作人员应当具备一定的网络知识,能够处理推流过程中的常见问题,在赛事直播期间完成监播工作。

除此之外,根据赛事项目的不同,导播组还负责调用游戏内外数据,如控制现场抽奖软件、为赛事准备趣味数据等。

3.5　赛事执行组

赛事执行组由技术保障组、赛事转播组和现场执行组等组成。具体人员包括现场导演、灯光师、屏幕控制师、音控师等,他们的职责是保证在赛场内的一切工作依照赛事执行方案进行,提供优质的现场画面供摄像机捕捉。他们对直播中呈现的现场画面和现场观众的观赛体验负责。

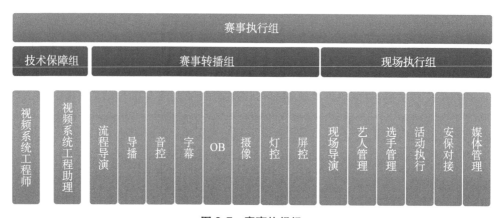

图2.7　赛事执行组

3.5.1 现场导演

现场导演是赛事的组织者和领导者之一,是把电子竞技赛事搬上荧屏的总负责人[①],对现场发生的事件负责,主要对赛事中的人力与物资资源进行调配,调动现场气氛,引导观众视线,对场内发生的意外事件进行处理等。管理选手和艺人是现场导演需关注的问题,他们不仅需要解决选手与艺人棘手的问题,也要告知并督导选手、主持人、解说和节目表演者遵循赛事的既定方案与流程。因此现场导演需要清楚地了解赛事具体的直播流程和执行流程,具备较强的跨部门沟通能力,特定岗位的现场导演需要对摄像、舞美、灯光、屏幕、音响设备有一定的了解,能够指导协助灯光师、屏幕控制师、音控师工作。现场导演的具体工作还包括以下几点:

(1)带领导演组,负责电竞赛事的内容策划和制作,并负责导演组日常管理工作。

(2)根据项目需求,带领组员与项目组共同完成赛事的竞标方案和执行方案。

(3)制定赛事主题,依主题策划与执行整体赛事内容方案。

(4)根据赛事主题,协助视觉部门制定赛事整体视觉设计,包括赛事 KV、舞美设计、大屏素材、直播包装等。

(5)根据赛程赛制,协助导播组制定赛事转播方案,包括机位、数据、OB、回放、赛事解说评论等。

(6)收集观众以及业内动态,制定长远的赛事转播方案。

3.5.2 灯光师

灯光师负责设置灯光方案,保证在赛事的不同阶段能够有合适的灯光。除负责日常检查和维护灯光设备,在赛事过程中,灯光师也对灯光进行控制,配合导播组实现直播效果,同时控制灯光不对参赛选手和现场观众形成干扰。

3.5.3 屏幕控制师

屏幕控制师负责控制比赛现场中所有屏幕呈现的内容。

3.5.4 音控师

音控师在前文已有部分介绍。音控师负责现场的音响设备,专业基础要求较高,需要了解场馆音响系统的综合布线,能够及时配合导播组解决意外情况,能够通过对设备的调试防止现场的声音影响赛事的公平性。

由于灯光师、屏幕控制师、音控师对现场的灯光、屏幕、音响负责,因此通常处在现场能够实时监看设备的工作区域,一般是场地的最高处,被称为总控室。

3.5.5 主持人

电子竞技赛事运营组织中也会将主持人与解说员作为现场执行部的一部分,主持人与

① 孙博文.电子竞技的赛事与运营[M].北京:清华大学出版社,2019.

解说员的表现能极大程度地影响电子竞技赛事的直播效果。主持人负责描述现场选手的赛事准备情况,参与到赛前观众的引导、暖场、选手采访环节,也会主导比赛期间和收尾时的观众互动环节、颁奖仪式,在电子竞技赛事中能够将游戏与现实串联起来。

3.5.6　解说员

电子竞技解说指的是对电子竞技比赛的相关活动进行解说的人员,不同于电竞主持人,解说主要是针对比赛情况做详细的分析、预判以及解释说明等。和其他赛事节目类似,电竞解说通常由 2～3 人共同完成解说工作。通常在 2 人的电竞解说组合中,一人负责画面描述,一人负责评论和分析。在一场比赛中,专业解说往往会花较长时间做好准备工作,熟悉赛事计划和参战队选手等。赛事对电竞解说的综合能力有较高的要求。具体来说,电竞解说的职责一般有以下方面:

(1) 负责把控节奏,在比赛转播出现问题时及时解决、圆场。

(2) 负责对比赛画面进行解说,这种解说不是简单地平铺直叙,还要有逻辑有条理,能调动自己的感情,感染观众,这要求解说员有丰富的知识储备和出色的语言表达能力。

(3) 为了满足观众更深层次的观赛要求和提供更好的观赛体验,电竞解说还要负责分析评论,为电子竞技赛事增加趣味性,当然这一环节所占时间也相对较少。

没有解说员的电子竞技赛事是不完整的,解说讲解电子竞技操作技巧是电子竞技赛事直播中重要的组成部分。电竞解说作为体育解说行业的一种新兴职业,已经逐渐走入大众的视野,随着竞技性游戏赛事的蓬勃发展,已经涌现出了许多极具影响力的解说。在电竞比赛的现场,有时一位知名电竞解说的人气不亚于职业电竞选手。某知名电竞联赛的解说资源涵盖了著名主持、百万＋粉丝主播、大量自有专业电视台的主播等。然而,相较于如火如荼发展的电竞行业,国内的职业电竞解说仍处于起步阶段。据媒体报道,目前国内由运营商官方认定的职业电竞解说仅有约 1200 人。

解说员们一般有专门的工作区域作为解说间,在比赛之外的环节,解说间也是一个常见的出镜机位,导播会给予解说间镜头,丰富赛事的现场画面。

3.6　赛事周边内容制作组

赛事周边内容制作组对赛事周边所需的各类文字、美术、视频素材负责,生产市场宣传部门和直播团队所需的文案、美术与视频作品。一般常见的岗位有编导、摄像、剪辑后期、视频包装、特效师与平面设计等。一般要求能够熟练操作 PR(Adobe Premiere Pro)对视频进行剪辑,拥有 AE 软件(非线性特效制作软件 Adobe After Effects)技能最佳。

近年来的电子竞技赛事热衷于营造更丰富的赛事内涵,对优质的宣传片,赛中使用的视频素材、视频包装都有着更高的要求。对于游戏厂商自营的赛事品牌,优质的赛事相关视频也是推广营销内容的一部分,因此赛事周边内容制作组的作用变得十分重要。视频制作组需要完成对接需求、选题策划、拍摄录制、素材收集整理到后期制作与发布的全部流程。

视频特效师与平面设计师制作的动态视频素材可以用作比赛期间现场屏幕的展示,特殊的动态效果、战队阵容板也可以作为直播的转场画面内容。

| 扩展阅读

中国电竞内容制作公司发展趋势①

中国电竞内容制作公司正朝多元化经营方向发展,表现在商业模式、内容制作和跨界合作等方面,具体见图 2.8。

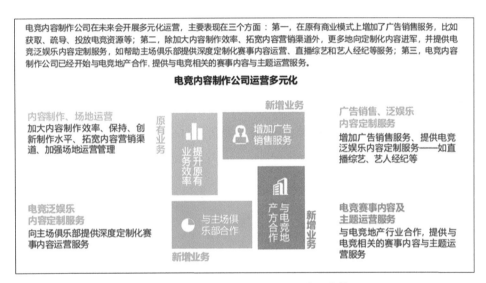

图 2.8 中国电竞内容制作公司发展趋势

实战训练

观看一场你喜欢的电竞比赛,对该比赛内容制作部的某一组成员的业务水平进行点评。思考换作是你,你会如何做。

◎ 任务 4 商务部

| 任务目标

简略了解商务部的工作

| 任务描述

本任务可以简单了解,因为具体策划工作和招商赞助工作在其他模块会详细讲解。

---

① 艾瑞咨询. 中国电竞内容制作公司发展趋势[R]. 2019.

电子竞技赛事的商务部负责电子竞技赛事运营组织中的财务职能,承担主要的招商销售和对外合作工作,负责赛事的商业变现等一切与商业相关的事务,如负责资金的预算、筹集、管理,力求在获得商业赞助等外部收入的同时,提升赛事的品牌价值。

4.1 策划工作

商务部负责深入参与电子竞技赛事前期的策划环节,在策划前需要进行市场调研和各项条件评估。市场调研是指运用科学的方法,有目的、有计划地搜集整理市场信息和资料,分析市场情况,了解市场的现状及其发展趋势,为市场预测和营销决策提供客观的、准确的资料的过程。市场调研的内容繁多,有市场环境调查,包括政策环境、经济环境、社会文化环境的调查;有市场基本状况的调查,主要包括市场规范、总体需求量、市场的动向、同行业的市场分布占有率等;有销售可能性调查,包括现有和潜在用户的人数及需求量、市场需求变化趋势、本企业竞争对手的产品在市场上的占有率、扩大销售的可能性和具体途径等;还可对消费者及消费需求、企业产品、产品价格、影响销售的社会和自然因素、销售渠道等开展调查。市场调研流程见图2.9。

图2.9 市场调研流程

4.2 招商赞助工作

商务部主导撰写招商方案。在这一过程中商务部应当了解赛事所需和所能提供的合作类型、合作权益、合作周期。通过梳理赛事的基本信息,确定其他部门能够提供的资源,商务部提炼赛事和自身团队最大优势卖点,最终确定招商任务与计划,准备招商方案所需资料。在需要申办的电子竞技赛事中,商务部负责主导洽谈,了解赛事需求和赛事版权等问题,参与赛事竞标。

商务部负责使用电子竞技赛事运营组织所持有的赛事资源,通过平等交换的市场行为,为赛事的举办争取更多的支持。获取并利用直接的商业赞助是商务部最重要的工作职责,通过招商赞助,商务部可以拓展赛事资源,对赛事品牌进行开发。传统的电子竞技赛事赞助者以鼠标、键盘、显示器等外设装备商家为主,拓展各种品类的赞助商资源,是商务部的工作难点。

4.3　其他工作

商务部的工作内容和范围较为繁杂,除了各项策划工作外,还需要承担对外交流、统筹各项工作和部门人员、管理合同、构建企业和赛事运营体系等重要任务。

◎ 任务 5　宣传部

任务目标

了解宣传部的具体职责

任务描述

本任务较为简单,宣传部的工作内容和赛事营销较为接近,赛事营销在模块 5 中有详细介绍。

电子竞技赛事运营组织中的宣传部又称宣传推广部、媒介部,主要负责确保赛事能够达到预期的宣传效果。在赛事筹备期间负责编制赛事宣传推广方案,确定宣传渠道与方式。在赛事期间负责执行赛事推广方案,联络维护合作的媒体机构,搭建良好的沟通桥梁,保证赛事新闻的传达,扩大挖掘内容和宣传力度与赛事流量。

在赛事前,宣传部会拓展利用任何和赛事相关的信息,如参赛队伍的信息,赛事的解说团队信息,选手赛前的准备情况、备战状况等。比赛预告、战报、精彩镜头等都是赛事宣传载体。

宣传部的具体工作职责包括线上与线下不同的推广任务。在线上,电子竞技赛事的核心玩家多聚集在论坛、玩家社区、门户网站,因此电子竞技垂直类网络、微博、网络直播平台、游戏主界面的滚动 banner 等都是宣传工作中重点关注的领域。在线下,宣传部需要构思赛事以外的宣传活动,如粉丝集会等。宣传部通过线上线下的全方位推广,让观众将注意力聚焦到赛事运营组织设置的时间节点。

宣传部有时也承担着电子竞技赛事运营组织内的其他工作。如经纪业务,宣传部需要为公司旗下的解说、主持等艺人争取获得对外合作的机会。宣传部同时需要协助商务部门实现赞助商的曝光要求,承担一定的对外渠道拓展工作,如电子竞技赛事周边产品的制作,宣传部可以与参赛俱乐部合作打造明星选手的周边,了解参赛选手的状况,主导策划选手、战队的纪录片等。

○ 任务 6　后勤部

任务目标

了解后勤部的功能类别

任务描述

后勤部功能类别有很多,每一个功能类别需详细理解。

后勤部的身影贯穿电子竞技赛事的始终,主要负责从物资、安全、卫生、技术、运输等方面保障赛事需要。后勤管理是一个复杂的系统,需要专门的部门将具体任务拆解,独立负责。

6.1　后勤保障功能

后勤部的后勤保障功能体现在食宿、交通、观众服务、仓储、贵宾迎送、礼宾服务、制服的制作这些工作中。好的后勤保障对于赛事顺利进行十分重要。

6.2　技术维护功能

后勤部承担着设备供应、场地维护的职责。技术服务团队应当保障电子竞技赛事所需的电力与网络,基于赛事本身,技术服务人员需要具备 Windows 服务器部署及运维能力,理解网络架构,有一定的网络故障分析能力。基于赛事直播,技术服务人员需要精通相关直播平台推流软件,有 IT 工作经验、网络维护、IDC 机房或者云服务工作经验。对于成熟的技术服务团队,需要收集分析来自直播团队的 IT 需求,提供合理解决方案,如规划并采购储存系统等,提升赛事运营团队的技术水平。

6.3　安全保卫功能

后勤部负责场内安全保卫方案的制定及与安全保卫相关部门的协调。具体执行工作包括招募审核安保团队,维持观众出入场秩序,防火防盗,保障观众与电子竞技赛事参与人员的人身安全等。

6.4　医疗卫生功能

后勤部负责为电子竞技赛事提供医疗卫生服务,在线下进行的电子竞技赛事中,后勤部负责制定救护方案,在药品、器械、车辆、人员等方面做好赛事医疗保障措施。尽管电子竞技运动不需要激烈的肢体对抗,但是后勤部依然要考虑到选手可能出现的其他突发疾病和意外状况,也要为观赛群众等现场人员提供医疗保障。

模块思考题

(1) 本模块和全书内容的关系是什么?

(2) 赛事运营和赛事策划有何区别?

(3) 画一个电子竞技赛事运营组织图。

参考文献

［1］邓华.运营管理［M］.北京:人民邮电出版社,2017.

［2］陶为宁.体育赛事策划与管理［M］.重庆:重庆大学出版社,2015.

［3］刘苹,陈存志.大型体育赛事利益相关者界定及其利益分类划分［J］.河北体育学院学报,2013(1).

［4］艾瑞咨询.中国电竞内容制作公司发展趋势［R］.2019.

［5］林鹏,叶庆晖.体育赛事项目管理［M］.北京:北京体育大学出版社,2005.

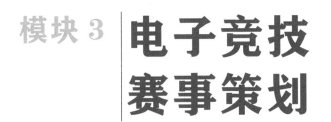

模块 3 电子竞技
赛事策划

项目1 电子竞技赛事策划概述

知识目标

(1) 了解电子竞技赛事策划的概念

(2) 了解电子竞技赛事策划的工具

(3) 了解电子竞技赛事策划的原则

开篇案例

电子竞技赛事策划与体育赛事策划既有区别,也有千丝万缕的联系。体育院校毕业的李先生在一家电竞公司从事电子竞技赛事策划的工作,他善于将传统体育赛事策划的理论运用在电子竞技赛事策划中,并且对电子竞技赛事策划的常用工具、过程和内容有很深刻的理解,是一个电竞赛事策划"专家"。公司为培养新人,让李先生举办了一场电子竞技赛事策划培训会,会上李先生对电子竞技赛事策划的相关概念、过程和内容,进行了详细介绍。

◎ 任务1　电子竞技赛事策划的概念

任务目标

了解体育赛事策划与电子竞技赛事策划的概念和区别

任务描述

与传统体育赛事的策划相比,电子竞技赛事策划有其鲜明的特点,了解电竞赛事策划前需要先了解策划和体育赛事策划的含义。

1.1 策划的概念

策划包含了分析背景、确定目标、模拟策略、准备资源、执行方案和复盘总结的完整过程。这一词汇的外延包含了规划、谋划、筹划、策略、对策等多重含义,近年来已经在广告学、公关学、咨询领域诞生了丰富的理论。《哈佛企业管理丛书》认为:策划是一种程序,是一种运用脑力的理性行为,是对未来要发生的事情作当前的决策。

策划的核心在于预测未来的变化,只有详尽的策划才能使得活动达到预期的效果。策划之于一场活动正如将军筹划一场战役,明确战略目标后,调动一切资源,准备粮草和兵士,了解对手所拥有的资源,随后在沙盘上模拟排兵布阵,一切万全之后再出兵开战。

1.2 体育赛事策划的概念

体育赛事策划是指体育赛事运作机构立足于赛事所拥有的各种资源,经过策划的思维步骤,分析背景条件、确定策略、选择方案、整合资源、制定计划的决策过程,通常可以分为"战略规划"与"项目规划"两类。

战略规划主要涉及赛事的目标、理念、使命等一些"概念性"的内容。

> **【案例】**
>
> 成都市全民健身运动会总决赛的定位是不同于常规意义上的竞技类的运动会,也是不等同于传统意义上的健身展示。其办赛目的是宣传、展示成都市全民健身发展的情况,吸引市民个体的参与,激发全民健身热情。明确的办赛目标指引着整个活动,"百万市民齐参与"的着眼点,在参赛对象、区域和形式上都最大限度地体现了赛事的"广泛性",形成社会共鸣。

项目规划则关注细节,是任何性质的活动中都不可或缺的组成部分。体育赛事无论大小,都应当在前期策划过程中面面俱到,为赛事的主题活动、门票、媒体宣传、特许产品、招商等制定对应方案。

1.3 电子竞技赛事策划的概念

电子竞技赛事的策划是指赛事的组织者利用已拥有的资源,收集、整理相关赛事资料,以举办电子竞技项目赛事为核心目的,确定策略、选择方案、制定执行计划的过程,既是一种科学决策及管理方法,也是一种创造性的活动。

电竞赛事策划是整个电子竞技赛事运营过程中的核心部分,作为整个运营组织工作的基础,为随后进行的招商、推广工作提供支持,是赛事执行与总结工作的重要参考。

所谓知易行难,一份优秀的策划方案最终能够在现实中执行才有实际价值。作为整个项目的策划,需要知道各个环节和岗位的内容和边界,对执行进度有正确的预判和控制,才能将策划案中的构想变为现实。

◎ 任务 2 电子竞技赛事策划的工具

任务目标

了解电子竞技赛事策划的常用工具并学会使用这些工具

任务描述

　　赛事策划的工具是赛事策划中必不可少的部分，熟练掌握这些工具，可以促进策划乃至赛事的顺利完成。

　　在电子竞技赛事中出现的赛事需求不明确、需求变更频繁、工作范围不清晰、人员和时间紧张等问题，可以通过前期划定好项目范围来解决。确定具体的项目工作范围，是电子竞技赛事运营的重要工作。下文提到的相关工具本质上都是对工作的范围进行划分。

　　以下提及的策划工具可以借助微软 Office 旗下的软件，如 Word、Excel、Project、Visio 以及其他思维导图软件进行制作。

2.1　工作分解结构(WBS)

2.1.1　WBS 的概念

　　工作分解结构(work breakdown structure，下文简称为 WBS)是策划工作在将赛事目标分解成具体任务时的基础。WBS 的核心操作就是将项目工作分解成较小的、更易于管理的组件、工作组。在电子竞技赛事策划的过程中，使用 WBS 工具可以便于制订时间进度计划、设备物料采购使用计划、比赛场馆计划、风险管理计划和与它们密切相关的成本预算与竞赛规程。

　　WBS 定义了项目任务的层次结构，从上到下依次分为项目、任务、子任务和工作包。一个或多个工作包的完成标志着子任务的完成，一个或多个子任务的完成标志着任务的完成，最后所有任务的完成就表示整个项目的完成。该结构可用图 3.1 来表示。

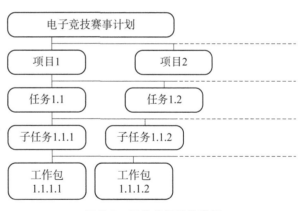

图 3.1　工作分解结构举例

　　活动（activities）可以被认为是 WBS 系统的一部分，是必须耗费时间来完成的工作，一般是工作包的最小单位，当所有的活动完成的时候，整个项目就完成了。尽管活动通常需要人员的参与，但不是必需的。例如，等待游戏安装过程，等待物料运输到位等在电子竞技赛事项目中就是一个活动。在表 3.1 中，确定到场运动员清单(2.3.1)、预约查看备选场地(2.4.1.1)、签订场地租赁合同(2.4.1.3)都属于活动。

表 3.1 竞赛组委会会议和运动员技术会议的工作分解结构

工作编码				竞赛组委会会议和运动员技术会议	
一级	二级	三级	四级		工作内容
✓				1	项目启动
	✓			1.1	确定项目经理
	✓			1.2	确定项目核心成员
	✓			1.3	预算来源
✓				2	项目策划
	✓			2.1	确定项目成员及分工
	✓			2.2	确定项目里程碑及时间计划
	✓			2.3	邀请对象及人数统计
		✓		2.3.1	确定到场运动员清单
		✓		2.3.2	确定到场裁判员清单
		✓		2.3.3	确定到场其他嘉宾清单
	✓			2.4	预订场地
		✓		2.4.1	场地选择
			✓	2.4.1.1	预约查看备选场地
			✓	2.4.1.2	挑选确定场地
			✓	2.4.1.3	签订场地租赁合同
			✓	2.4.1.4	预付定金
		✓		2.4.2	布置方案
		✓		2.4.3	确定座位表
	✓			2.5	讨论会议内容
		✓		2.5.1	确定会议各项内容负责人
		✓		2.5.2	确定会议流程
	✓			2.6	制订选手交通计划
	✓			2.7	风险讨论及应变
✓				3	项目执行-活动开始前
	✓			3.1	通知所有参会人
	✓			3.2	活动场地布置
	✓			3.3	活动流程确认
		✓		3.3.1	主持人串词
		✓		3.3.2	嘉宾欢迎词
		✓		3.3.3	动员讲话致辞

续　表

工作编码				竞赛组委会会议和运动员技术会议	
一级	二级	三级	四级		工作内容
		√		3.3.4	裁判长讲解执裁细则
		√		3.3.5	副裁判长演示复赛、决赛抽签流程
	√			3.4	活动彩排
		√		3.4.1	设备调试
		√		3.4.2	流程彩排
√				4	项目执行−活动当天(略)

工作分解结构在组织项目的时候是非常重要的,因为它把项目分解成了若干个可管理的模块。根据项目的不同其图中的层数也会不一样。

具体的分解工作过程中,可以依据电子竞技赛事的流程对赛事筹备期间、赛事执行期间、赛事收尾期间进行分解。也可以依据不同的模板,对竞赛章程、赛事预算、宣传推广计划、招商计划,从不同的赛事策划模板进行分解。无论选择怎样的切入点,分解任务的过程都应当是自上而下的,将大的概念、复杂的项目任务转化成一节节的工作包。

分解到每一个最小的工作包单位是 WBS 最重要的工作。分解后的最小单位应当是有明确的结束节点的,是可以被量化的。每一个最小单位都应当没有任何重复,确保每项任务能够职责清晰。最大的 WBS 单位应当在 80 个工作时或者 2 周内完成,最小的工作节点则没有限制,可以根据策划者的时间精力和管理能力来把控。对于一般的项目,最小的工作包单位以一个人的日工作量为佳。电子竞技赛事的分解层级一般是 4 至 5 级,层级太多反而会增大运营管理的难度。

分解的细致程度或者说分解成几个层次参照以下规则:

● 在完成工作包的过程中,个人或组织承担的职责和义务的程度。

● 在项目过程中所需要的预算和成本的程度。

任何一个项目的正确的工作分解结构都不是唯一的。对同一个项目,两个不同的项目小组可能会设计出不同的工作分解结构。WBS 最有趣的地方在于我们见到最直观的 WBS 分解图是平面的,但是当一个电子竞技赛事中所有的任务全部梳理到尽头时,会串联出一个立体结构。每一个节点之间都互有联系,如在确定邀请队伍将会参赛之后,媒介工作才能写出对应的宣传文章,后勤部才能为他们购置机票。一些专家认为,与其说项目管理是一门科学,倒不如说它是一门艺术。因为同一个项目可以有很多不同的方法来完成。寻找一个正确的途径来完成项目依赖于完成每一个特定任务积累起来的经验。

2.1.2　WBS 的工作步骤

常规的 WBS 工作步骤如下:

① 工作描述。明确策划主体应尽的职责,确定策划的范围。作为赛事的主导者时可以参考赛事目标,作为承办方、协办方时,可参考签订的合同或由赛事主办方提供的工作说明书。

② 召集策划有关核心人员,讨论可进行划分的项目工作,确定项目分解的方式。

③ 分解项目工作。尽量参考已有的模板。

④ 补充其他级别的任务,绘制出完整的 WBS 层次图,当发现层级过多时,可以将某些层级过多的一级工作、二级工作定义为独立的子项目。确定项目编号,建立编号系统。

⑤ 确定每个最小的工作包,在这个阶段中为每个工作包设定完成的时间、完成条件、资金预算、负责的组织或个人。

⑥ 验证 WBS 结构。随着策划工作的深入与项目的进行,不断对 WBS 进行修正、完善。

2.2 赛事日程表(Scheduling)

2.2.1 日程安排表

这是最简单也是最常用的赛事时间管理工具,可以用于活动项目少且历时较短的小型体育赛事,也适用于一些大型体育赛事的分项目(或活动)。常见的操作方法是以倒计时的形式制定"工作进度安排表"。

在电子竞技赛事的相关活动中,经常会为开幕式、新闻发布会等场合制定单独的日程表(如表 3.2),这样一个具备着任务发生时间、任务的执行人、任务内容名称的元素的表格可以直接同步所有参与者,直接用于新闻通稿、邀请函和节目单的制作。

表 3.2 竞赛组委会会议和运动员技术会议的日程安排表

时间	内容	备注
13:30—13:40	活动简介	主持人
13:40—14:10	嘉宾 A 发表动员致辞	嘉宾
14:10—14:40	裁判长讲解执裁细则	裁判长
14:40—15:10	副裁判长演示复赛、决赛抽签流程	副裁判长 1、副裁判长 2
15:10—15:25	选手代表张某某发言	选手张某某
15:25—15:40	选手宣誓环节	全体选手

当线下进行的电子竞技赛事进入临近比赛的阶段,对应的赛事日程表也会更加细致,通常会将工作精确到每分钟。

2.2.2 现场台本(Rundown)

现场执行时间表,是略为复杂、更加细致的日程表,被称作现场执行脚本或台本,统称为 Rundown(如表 3.3 所示)。Rundown 对所有现场与导播间内的工作人员在什么时间段做什么样的工作进行了细致的规划,以保证竞赛本身与直播流程不会出现事故。

表 3.3　某电子竞技赛事现场 Rundown(比赛进行前部分)

序号	内容/字幕	时长	PGM	赞助商	通用	通用	字幕机	暖场 BGM			今日预告倒计时
A0	字幕-全屏(倒计时版)(附直播平台 LOGO)	30:00	PGM	赞助商	通用	通用	字幕机	暖场 BGM			今日预告倒计时
A1	(视排期)视频-赞助商垫片	25:00	PGM	赞助商	通用	通用	VCR	VCR	垫片		今日预告倒计时
A2	字幕-全屏(倒计时版)(附直播平台 LOGO)	05:00	PGM	赞助商	通用	通用	字幕机	暖场 BGM			
B1	视频- Opening tease	02:00	PGM	赞助商	通用	通用	VCR	VCR	片头		
B2	现场全景画面	00:20	解说	赞助商	通用	通用	字幕机	开场 BGM		场地信息条	
B3	(视情况)视频-预录制画面	00:40	PGM	赞助商	通用	通用	VCR	开场 BGM	预录制		
B4	解说员出镜	00:30	PGM	赞助商	通用	通用	解说台	解说+主 BGM			
B5	解说员自我介绍	00:30	PGM	赞助商	通用	通用	解说台	解说+主 BGM		解说名单	
B6	广告字幕-收看渠道	00:10	PGM		通用	通用	解说台	解说+主 BGM		广告	
B7	广告字幕-赞助商 A	00:30	PGM	赞助商	通用	通用	解说台	解说+主 BGM		广告	
B8	字幕-直播制作	00:05	PGM	赞助商	通用	通用	解说台	解说+主 BGM		制作单位	
B9	(视排期)广告字幕 字幕-赞助商 B	00:30	PGM	赞助商	通用	通用	解说台	解说+主 BGM		广告	
B10	(视排期)广告 字幕-媒体合作伙伴 A	00:30	PGM	赞助商	通用	通用	解说台	解说+主 BGM		广告	
B11	(视排期)字幕-直播互动广告		PGM	赞助商	通用	通用	解说台	解说+主 BGM		广告	

【字幕介绍直播平台】

【字幕介绍冠名赞助及其他赞助商】

续表

A0	字幕-全屏 倒计时版（附直播平台 LOGO）	30:00	PGM	赞助商	通用	通用	字幕机	暖场 BGM	今日预告 倒计时
B12	PC-粉丝排行榜		PGM	赞助商	通用	通用	PC	解说+主 BGM	粉丝排行榜
B13	PC-最受欢迎选手	01:00	PGM	赞助商	通用	通用	PC	解说+主 BGM	选手排行榜
B14	介绍比赛		PGM	赞助商	通用	通用	解说台	解说+主 BGM	
B15	介绍-今日赛程		PGM	赞助商	通用	通用	解说台	解说+主 BGM	
B16	字幕-今日赛程	02:00	PGM	赞助商	战队 LOGO	战队 ID	字幕机	解说+主 BGM	今日赛程
B17	介绍-积分排名		PGM	赞助商	战队 LOGO	战队 ID	解说台	解说+主 BGM	
B18	字幕-积分排名		PGM	赞助商	战队 LOGO	战队 ID	字幕机	解说+主 BGM	积分排名
B19	介绍 第一场 1/3 比赛		PGM	赞助商	战队 LOGO	战队 ID	解说台	解说+主 BGM	
B20	视频-对战短片头		PGM	赞助商	战队 LOGO	战队 ID	VCR	VCR	短片头
B21	舞台全景画面		解说	赞助商	战队 LOGO	战队 ID	现场	解说+主 BGM	

　　Rundown 一般为现场的工作人员和导播间工作人员呈现两个版本,经验丰富的现场工作人员在流程简单的电子竞技赛事可以依据导播间专用的 Rundown 了解现场应当执行的工作。但是为了让所有参与到赛事环节的工作人员均能了解赛事的细节,在必要时也应当制作一份便于所有人理解的 Rundown。Rundown 通常会对每项具体工作精确到每分钟,甚至每秒钟。

　　表 3.4 是某全国联赛在 LGD 电子竞技俱乐部主场比赛的计划表,表中规划了比赛前三天的日期、时间点、执行项目、详细内容和负责人。通过此表可以很清楚地看到赛前三天的时间安排和对应的负责人内容。

表 3.4　某全国联赛计划

2020 XX 全国联赛—cue sheet				
地点:LGD 电子竞技俱乐部主场				
时间:2021 年 1 月 13 日—1 月 15 日				
日期	时间	执行项目	详细内容	负责人
1.12	全天	导播间设备搭建	导播设备进场,完成导播间搭建	导播组
1.13	11:00—13:00	导播间系统调试 & 字幕机进场搭建	导播间设备最终调试 & 安装字幕机	导播组 & 字幕组
	13:00—19:00	设备调试	电竞游戏技术对接 后台编程 裁判机调试	ALL
		切换台设置	切换台进行流程模式设置	ALL
		音频内容测试	音频线路测试调试 现场扩音调试	ALL
		现场大屏信号调试	现场大屏信号对接、素材录入	ALL
		现场灯光编排调试	现场灯光根据环节音乐进行编排,各位置面光调试	ALL
		复盘间设备调试	复盘间设备调试,景别调试	ALL
		现场比赛机网络客户端调试	比赛用机器客户端测试	ALL
	19:00—21:00	全流程技术彩排	酒馆战棋(炉石传说)安装插件 后台测试运行	ALL
1.14	13:00	工作人员到达场馆	调试启动设备	ALL
	13:00—14:00	机位设定、运镜编排	导播 & 导演组确定各环节机位 & 运镜	导播 & 导演组
		技术调试	根据前日调整进行确认和调试	ALL
	14:00—15:30	开场 & 抽签流程彩排	带机彩排抽签全流程	ALL

续 表

日期	时间	执行项目	详细内容	负责人
	15:30—17:30	正赛流程彩排(包括复盘)	带机彩排正赛全流程	ALL
	17:30—18:30	主持人开场 采访 Ending	主持人到场进行彩排	ALL
	19:00—21:00	直播首日进行全环节彩排	带机全环节彩排	ALL
	21:00—21:30	总结	解决彩排问题	ALL
1.15	9:00	工作人员到达场馆	调试启动设备	ALL
	9:00—9:30	设备启动 分发通话	开机准备最终彩排	ALL
	9:30—11:30	现场带机联彩(不带艺人)	内部最终联彩	ALL
	9:30	主持人 & 解说到场化妆	艺人到场化妆	ALL
	12:30	推流	所有部门进入最终直播状态	ALL

2.3　甘特表(Gantt Charts)

2.3.1　甘特表的概念

甘特表也称甘特图,或甘特进度表,以发明者美国企业管理学家亨利·甘特(Henry Gantt)的名字命名,常用于策划和编排工作。甘特表是一种线条图,横轴表示时间,纵轴表示要安排的活动。线条表示在整个期间上各项活动完成的时间起始点和所需时间的长度。甘特表可用于将任务计划与实际进展情况进行对比分析。

符合逻辑顺序是甘特表的最基本要求。如图 3.2 所示,项目活动安排或工作要素有严格的时序性,有时这些活动或要素之间会有部分甚至全部时间上的重叠。

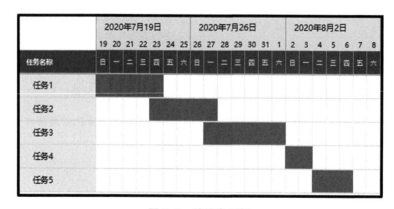

图 3.2　甘特表示例

2.3.2　甘特表的优劣势

甘特表的优点在于能够直观地规划和管理体育赛事活动或项目。在选择合适的绘制工具的前提下，可以将赛事日程表和甘特表巧妙地结合起来。如图 3.3，在 Project 软件的左侧输入项目名称，为其定义对应的层级、所需的工作时间和开始时间、负责人信息等，并赋予每个项目内在的逻辑关系，在软件的右侧便会输出对应的甘特表。

任务名称	工期	开始时间	完成时间		资源名称
◢ 制定活动	14 个工作	2021年4月23日	2021年5月12E		
审阅活动概念	2 个工作日	2021年4月23日	2021年4月26日	58,(	营销领导组
创建活动列表	1 个工作日	2021年4月27日	2021年4月27日	74	营销代表
确定活动领导组	1 个工作日	2021年4月28日	2021年4月28日	75	营销代表
制定单个活动	1 个工作日	2021年4月29日	2021年4月29日	76	
制定活动日程	2 个工作日	2021年4月30日	2021年5月3日	77	营销代表
确定行动动员	2 个工作日	2021年5月4日	2021年5月5日	78	营销领导组
确定广告/促销方法和组合	5 个工作日	2021年5月6日	2021年5月12日	79	营销领导组
完成活动制定	0 个工作日	2021年5月12日	2021年5月12日	80	
◢ 制定活动创意和测试	30 个工作	2021年5月13日	2021年6月23E		
选择有创意的供应商	1 个工作日	2021年5月13日	2021年5月13日	81	营销领导组，营
确定活动口号/信息风格	3 个工作日	2021年5月14日	2021年5月18日	83	营销领导组，创
制定概念和活动	5 个工作日	2021年5月19日	2021年5月25日	84	创意人员
选择活动创意	5 个工作日	2021年5月26日	2021年6月1日	85	营销领导组，公
准备预测试材料	5 个工作日	2021年6月2日	2021年6月8日	86	营销代表
预测试活动	5 个工作日	2021年6月9日	2021年6月15日	87	营销代表
确定预测试创意是否达到目标	1 个工作日	2021年6月16日	2021年6月16日	88	营销代表
根据预测试结果改善创意	5 个工作日	2021年6月17日	2021年6月23日	89	创意人员
完成活动创意和测试	0 个工作日	2021年6月23日	2021年6月23日	90	
◢ 制定外部促销策略	9 个工作F	2021年6月24日	2021年7月6日		

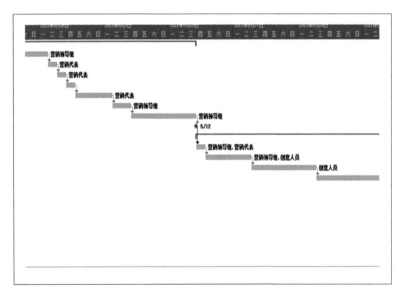

图 3.3　Project 软件中输入信息

图 3.4　Project 软件在右侧同时输出的甘特表

甘特表的缺点在于在图中展示的每项任务层级需要保证一致，通常需要是最小的工作包单元，否则容纳的信息会太过复杂，增加阅读难度。如图 3.4 所示，展现的两个层级的任务，一层会用正常的条形图展示，更上一层级只能用黑色的括号来展示，因此收纳更多层级的甘特表会非常难以阅读，不便在项目沟通中使用。

在电子竞技赛事中,甘特表常用于宣传推广计划、场馆搭建计划、物料采购计划等具体的计划任务中。赛事的主办方可以将层级较高的项目单独绘制出一份甘特图,大致了解电子竞技赛事策划活动的进展。

2.3.3 甘特表的基本制作程序

甘特表的基本制作程序如下:

(1)通过 WBS 或其他手段将赛事的整体组织运营工作分解为方便管理的任务或活动项目。

(2)为每个项目或任务计划时间。

(3)依据执行优先程度对任务或项目进行排列,以确定任务或项目的时序性。这个过程最基本的要求是要有合理的逻辑顺序(logical sequence)。

(4)绘制网格(Grids)。首先,绘制方框,以横轴表示时间顺序(自左至右),纵轴自上而下表示活动或项目的优先程度(由大到小)。其次,设定合适的时间单位(可以以分钟、小时、天等为单位),每一个单位设置一列。最后,为每一项分解后的活动或项目设置一行。

(5)完成图表。按照自左上到右下的顺序为每个项目活动或项目计划时间。需要强调的是,在这个图表中通常需要标示出一个或多个"标志事件(Milestone)"。标示这些事件的主要目的在于,使赛事管理人员对赛事的运营情况有一个重要的参考点,并围绕重点节点及时灵活地调整各项活动的时间。

2.4 关键路径图(Critical Path)

关键路径图这项技术是在甘特表的基础上改进而形成的。相比甘特表,这一工具有以下三个方面的进步:一是注重分析任务或项目之间以及各部门人员之间的关系或关联性。二是所有拟计划完成的活动或项目用严格的历时顺序安排。每一项任务的用时是从事件结束的时间点"回推"而设定的。这使得先后活动之间在时间上严格"咬合",因此可以图示出最短的必要时间以保证在有限的时间范围内完成计划的任务。三是这一工具可以避免高成本的损失。

关键路径图以箭头连接任务或项目。这表示如果上一个工作没有完成,则沿着这个路径图的余下工作或任务则均会受到影响或必须改变。因此,关键路径图是甘特表网络化的一个表现。"关键路径"表示着完成某一项目所需的各项活动或任务最短的可能时间序列。

关键路径图的绘制程序如下:步骤一:识别完成某一项目的所有关键性活动或任务,并分析这一活动完成希望达到的终极状态;步骤二:设定并对各目标或任务进行优先排列;步骤三:绘制时间路线并标示出关键日期;步骤四:建立关键路径。在这个路径图中,应清楚地看出,这些工作或活动是以什么顺序排列的以及所有的关键性任务是如何以最短的路径联系的。

○ 任务 3　电子竞技赛事策划的原则

任务目标

了解电子竞技赛事策划所遵循的原则,并能简略描述

任务描述

电子竞技赛事策划遵循的原则和一般体育赛事策划所遵循的原则类似,包括目的性、可行性、系统性、动态性、易行性等,充分遵循这些原则,可促进赛事顺利进行。

3.1　目的性

电子竞技赛事策划符合一般策划活动规律,是指向特定的目标的。电子竞技赛事策划具备目标导向性,一切计划均需围绕赛事的最终目标展开。

3.2　可行性

赛事策划必须考虑到客观现实,所制定的赛事目标、对应的任务计划都必须符合客观的事物发展规律。这要求策划者能够时刻冷静,挖掘真实的数据,严格分析论证,对于现状动态的变化做出清晰的判断。

比如:电子竞技赛事策划的财力资源计划应当具备可行性。在筹资和支出两个方面,电子竞技赛事策划都必须把控到位,能够保证可能筹集的资金满足赛事运营组织的行政开支与赛事的总体支出。

再比如:赛事策划应当制定切实可行的竞赛规程。竞赛规程是体育赛事计划的重要组成部分,是指导一次具体比赛的法规性文件,是竞赛的组织者和参加者必须共同遵循的法则。竞赛规程通常包括竞赛的名称、时间、地点、项目、参赛资格、赛制等信息。

3.3　系统性

电子竞技赛事由多个板块构成,每个板块都和赛事目标以及总策划方案紧密联系。电子竞技赛事的策划应当安排科学的赛事进度,通过制定合理的赛事进度表将每项策划任务的时间进展尽收眼底。任务策划中保证系统性,可以使得每项任务的执行都不会停滞,每一个项目如流水一般推进,赛事中的各个任务互相协调,组成了有机的整体。

电子竞技赛事策划的系统性也体现在赛事的策划任务具有一定的稳定性。在前期的拆解任务中需要足够细致,确定主要的执行项目与关键路径,了解整个项目落地所需的最长周期后就不宜再大范围地改动,避免导致在后续第二次沟通中产生混乱,影响执行者完成任务,除非出现了特定的意外事件导致原策划内容需要进行必要的改动。

3.4 动态性

策划活动需要遵循客观规律,需要掌握整体策划内容的系统性。然而运动是物质的根本属性和存在方式,物质世界是普遍联系但不断变化运动的统一整体,策划活动作为人类实践活动也充满了随机性和偶发性,作为策划者也要考虑到电子竞技赛事中的动态性。在赛事策划和执行的过程中,组织内部与外界环境都可能发生变化,导致原定的策划已无法满足可行性的要求,甚至无法满足赛事目标的要求。此时策划团队必须改变策划内容,以满足赛事的目的性与可行性要求。这也要求策划团队能够对每项工作细致地拆分,不能遗漏某项工作,预估项目执行的时间也需留有空余。

3.5 易行性

电子竞技赛事策划工作的易行性是可行性与动态性的补充,要求策划的方案简单易行,没有太过浮夸的展现形式与冗长繁杂的执行策略。

易行性体现在策划方案内容和形式的易行上。优秀的策划者可以在赛事筹备到落地间的无数变量与随机因素中选择最为简单可行的决策方案,保证人员搭配分工明确,环节工序明确,在人力、物资、资金等方面都不会产生额外的浪费。策划的内容尽量避免晦涩的表达,用通俗的语句展现策划的内容,使不同的执行者能够减少多次沟通的可能。

实战训练

在进行电竞赛事策划前,需要做一些准备工作。请你就电竞赛事策划的概念、常用工具以及原则,说说你的看法。

项目 2
电子竞技赛事策划过程

知识目标

（1）了解如何组建电子竞技赛事组委会

（2）学会进行电子竞技赛事可行性分析

（3）学会进行电子竞技赛事市场定位

开篇案例

李先生已有丰富的电子竞技赛事策划经验，他在策划时一般按照组建赛事组织委员会、可行性分析、市场定位和撰写策划书的顺序进行。

◎ 任务 1　组建赛事组织委员会

任务目标

了解电子竞技赛事组委会的职责与组成人员

任务描述

有一个完善的赛事组委会，是赛事顺利进行的保证。不同规格的电子竞技赛事，会有不同的赛事组委会成员。

赛事组织委员会是整个赛事组织工作的最高领导机构，对赛事起到统筹全局的作用，包括制定赛事目标、制定各项赛事策略等。委员会下设竞赛组织的各个部门。

正规体育赛事组织委员会以体育部门为主体，其他部门进行配合。在职务上一般由相当级别的主管行政领导担任委员会主任，主办单位和承办单位的相关领导担任委员会副主任，由相关单位的其他负责人担任委员。组织委员会的成员数量根据赛事规格会有所不同，一般包括主任委员一名，副主任委员若干名，委员若干名，秘书长一名，副秘书长若干名。

> 　【案例】2010 年全国电子竞技公开赛组织委员会成员
>
> 主　任：赵　黎（国家体育总局体育信息中心主任）
>
> 　　　　黄国强（深圳市政府副秘书长）
>
> 副主任：闫　平（国家体育总局体育信息中心党委书记）
>
> 　　　　杨　英（国家体育总局体育信息中心副主任）

蔡明远（深圳市文体旅游局党组副书记、副局长）

韩星元（深圳市文体旅游局副局长）

孙　豪（亚博科技控股有限公司主席）

委　员：夏淑萍（国家体育总局体育信息中心办公室主任）

史子旭（深圳市文体旅游局群体处处长）

贺　萍（国家体育总局体育信息中心办公室副主任）

付　耕（国家体育总局体育信息中心电子竞技部负责人）

白晋民（亚博科技控股有限公司执行董事）

梁　郁（亚博科技控股有限公司执行董事）

郭其纬（亚博科技控股有限公司执行董事特别助理）

秘书长：杨　英（兼）

副秘书长：贺　萍（兼）

肖敬南（深圳市文体旅游局群体处副处长）

梁　郁（兼）

○ 任务 2　可行性分析

任务目标

（1）了解电子竞技赛事策划可行性分析的概念

（2）了解电子竞技赛事策划可行性分析的要点

任务描述

可行性分析是一种预测，预测赛事是否有条件举行和是否值得举行。全面客观的可行性分析是赛事顺利进行的保证。

2.1　可行性分析的概念

可行性分析是通过对赛事的主要内容和举办条件，如赛事规模、市场需求、资源条件、环境条件、盈利能力等，从经济、技术、工程等方面进行调查研究和分析比较，并对赛事可能取得的利益、对行业发展及社会环境等方面的影响进行预测，从而提出赛事是否值得投资和如何举办的意见，为赛事中的各项决策提供依据的一种系统性分析方法。可行性分析是运用多学科专业知识的综合性复杂系统工程，是赛事前期工作的一项重要内容，其质量直接影响着赛事各项工作的决策水平。做好赛事前的可行性研究工作，对保障赛事顺利进行，提高赛事投资效益，实现赛事目标具有重大意义。

2.2 可行性分析的要点

可行性分析的要点较为宽泛,应根据赛事具体情况选择分析的要点。可行性分析一般可分为宏观条件的分析和微观条件的分析。宏观条件包括社会可行性、投资必要性和经济效益等。微观条件分析主要从赛事主办方自身出发,分析赛事资源条件,通常要点包括投资必要性、社会可行性、组织条件、财务可行性、风险控制的可行性、技术条件、经济效益等。

1、投资必要性
·综合评估赛事投入与回报,论证赛事是否有必要举办。

2、社会可行性
·分析赛事与社会的相互影响,包括政策、经济结构、法律道德、宗教民族等。

3、组织条件
·评估赛事组织机构、管理人员条件,以及组织人员之间的关系。

4、财务可行性
·评估赛事的物质和资金条件,预算赛事成本,评估投资收益、现金流量、偿债能力等。

5、风险控制的可行性
·对赛事的技术、财务、组织、法律及社会等方面的风险进行评估,制定规避风险的对策。

6、技术条件
·评估赛事技术和设备条件,设计、选择技术方案。

7、经济效益
·从社会经济发展角度,评价赛事在增加就业、改善环境等方面的收益。

图 3.5 可行性分析要点

可行性分析通常可以用研究报告的形式展现,将搜集到的数据按照某些逻辑框架呈现出来,便于研读。可行性研究报告可利用如下框架进行撰写。

| 可行性研究报告框架示例 |

1. 总论

赛事的背景、必要性和意义、赛事规模、赛事方状况、研究工作的依据和范围。

2. 赛事需求和条件

赛事需要的人力、物力等资源,以及能够获取的各项资源条件。资源条件包括社会条件、组织条件、财务条件、技术条件和风险控制能力等。在各项资源条件中,需列出需求清单,标明资源的名称、数量、属性(型号)和获得方式等。

3. 赛事效益

赛事投资的必要性和经济效益。商业性赛事一般都会涉及经济效益,在政府等组织主办的赛事中,也会兼顾文化传播、娱乐大众等社会效益。

4. 场馆条件和选址方案

地理位置、气象、水文、地质、社会经济、交通运输、水电等的现状和发展趋势。选址方案的制定和选择意见。

5. 竞品分析

分析主要竞争企业和赛事的状况、特点,为打造有特色的赛事提供借鉴。

6. 附件

"附件"是可行性报告的依据,也是其组成部分,包括搜集整理的数据资料、利用的各项工具和标准等。

○ 任务3　市场定位

任务目标

(1) 了解电子竞技赛事策划市场定位的概念

(2) 了解电子竞技赛事策划市场定位的类别

任务描述

市场定位的类别有很多,找准定位对达成赛事目标十分重要。

3.1　市场定位的概念

市场定位(marketing positioning)是企业的一种营销技术,目的在于在客户的心目中塑造产品、品牌或组织的形象。电竞赛事策划过程中,需要根据竞争者在市场上所处的位置,针对消费群体或用户需要,极力塑造出赛事与众不同的、个性鲜明的形象,从而确定该赛事在市场上适当的位置。

3.2　市场定位的类别

3.2.1　区域定位

区域定位指在赛事策划中考虑赛事要进入的市场区域,市场区域包括国际市场、全国市场和地方市场等。只有找准市场,才能为赛事策划提供依据。

3.2.2　职业定位

职业定位是指在赛事策划中考虑将赛事产品提供给什么职业的人。比如在一个大学生群体较多的城市举办电竞赛事,策划时就可能要侧重于考虑满足大学生的消费需求。

3.2.3　年龄定位

年龄定位是指在赛事策划中考虑将赛事产品提供给什么年龄的人。不同年龄段的人有不同的消费需求特点,赛事策划时只有考虑到这些特点,才能赢得消费者。

3.2.4　个性定位

个性定位是在赛事策划中考虑那些具有特殊个性与需求的人。选择某些具有相同个性的群体作为赛事的定位目标,针对他们的爱好制定营销计划,可以取得最佳的营销效果。

3.3　市场定位的步骤

设法在自己的赛事产品上找出比竞争者更具有竞争优势的特性是市场定位的关键。竞争优势的两种基本类型:一是价格竞争优势,即在相同条件下比竞争者有更低的产品价格,如:门票价格、纪念品价格等。二是偏好竞争优势,即能提供特色产品和服务来满足顾客的特定偏好,如:比赛现场的游戏体验等。电竞赛事的市场定位可以通过以下三大步骤来完成:

3.3.1　识别潜在竞争优势

这一步骤需要赛事方通过系统地搜集整理数据资料,来对以下三个问题进行分析:一是竞争对手产品定位如何? 二是目标市场上消费者需求满足程度以及还需要什么? 三是针对竞争者的市场定位和目标消费者的需求,赛事方应该及能够做什么?

3.3.2　确定核心竞争优势

确定竞争优势是赛事方与竞争者各方面实力相比较的过程。比较的指标应是一个完整的体系,只有这样,才能准确地选择相对竞争优势。通常的方法是分析、比较赛事方与竞争者在品牌、赛事管理、技术、组织人员、财务和产品等方面孰强孰弱。借此选出最适合此赛事方的优势项目,以初步确定赛事方在目标市场上所处的位置。

3.3.3　制定竞争战略

这一步骤的主要任务是制定长远而宏观的竞争计划,将赛事方独特的竞争优势准确传递给赛事方的组织人员和目标消费者,并在他们心目中留下深刻印象。与详细的用于对外推广赛事的市场营销计划不同,此时制定的竞争计划主要用于给赛事策划提供理论依据和制定方向,所以不必过于详细。

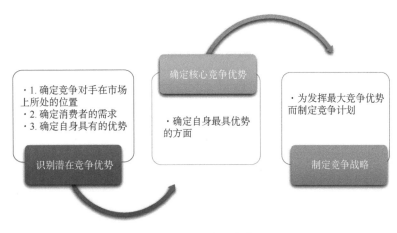

图 3.6　市场定位的步骤

◎ 任务 4 撰写电子竞技赛事策划书

任务目标

简略了解电子竞技赛事策划书的内容

任务描述

电子竞技赛事策划过程和内容最终将呈现于策划书,本任务要求先对电竞赛事策划书有个大致了解,然后进入项目 3 的学习。

电子竞技赛事策划书,也被称作为赛事方案,是赛事策划过程和最终成果的展示。它作为赛事方案是整个比赛的大纲,用途广泛且使用频率极高。

一份完整的电子竞技赛事策划书包含赛事的基本概况(背景、目的、主题、特色、游戏介绍、赛事介绍)、重要事件规划(新闻发布会、线下比赛日期等)、比赛规划(项目、日期、形式、地点、赛制、奖金、报名或选拔方式)、场地设备规划、成本预算等基本信息。策划书可以根据不同的应用场景简化或者具体化某些内容。

以使用场景进行区分,赛事策划书可以分为对外公开使用和对运营团队内部使用的两种版本。对外使用的版本会重点突出赛事的基本概况,是后续环节形成具体的招商、推广方案的基础。对内使用的版本则根据使用场景,更具体地写明需操作执行的项目,便于赛事工作者和其他相关人员开展工作。

通常对外展示的策划书会使用演示文稿(PPT)文件制作,最终压制成便于统一格式的PDF 文件。

赛事组织团队内部使用的部分则以便于修改和同步的文档文件(Word)、表格文件(Excel)为主。在制作的过程中无需考虑制作复杂的切换动画,使用的配色和字体不应浮夸,一切设计以便于阅读为出发点。

选择一项你喜欢的电竞赛事,写出你对这项赛事的策划过程。要求画出一个策划的流程图,并简略标明每一项流程的工作内容。

项目 3
电子竞技赛事策划书的内容

知识目标

（1）详细了解电子竞技赛事策划书的内容

（2）学会撰写电子竞技赛事策划书

开篇案例

某电子竞技公司准备举办一场大型电竞赛事，公司各部门通力合作，经过前期的细致准备，从赛事基本情况、竞赛规程、时间进度计划、财务计划、比赛场馆计划、物料设备计划、营销和招商计划、风险管理计划等方面撰写了详细的策划书。得益于策划书的全面细致，比赛进行得顺利。

○ 任务1　电子竞技赛事的基本概况

任务目标

（1）了解电子竞技赛事基本情况的内容

（2）了解电子竞技赛事基本情况的内容之间的联系

任务描述

电子竞技赛事基本情况的内容十分繁杂，撰写过程中需要对目标赛事有十分深入的了解。

1.1　赛事背景

赛事背景内容较为宽泛，从宏观上可以是行业背景、游戏背景、系列赛事回顾等，从微观上可以是比赛的各参与方的背景，以及其他相关信息的介绍。

通常将赛事背景视为赛事策划的基础，可以说赛事背景代表着赛事的幕后力量，也体现了赛事相关利益者的利益诉求，决定着赛事中开展各项内容的全过程。一般在大型赛事的背景介绍时，需着重介绍政府背景和企业背景。介绍政府背景旨在利用政府的公信力、影响力，提升民众对赛事水平的认识，为赛事营销和招商提供支持。介绍企业背景是为了加深民众对企业的认识，起到企业推广的作用，介绍企业背景要着重介绍企业文化、历史和资源。

【案例】

2018 游戏风云-G 联赛赛事背景可为:G 联赛,全称全国电子竞技赛事联赛,是由上海文广互动电视有限公司(SiTV)旗下的全国数字电视频道游戏风云(Gamefy)主办制作的国内首个电子竞技电视联赛。G 联赛自 2007 年开办,作为中国第一个综合性电子竞技赛事,规模已发展成为中国第一、全球第二的综合性电子竞技联赛。

2018 年 G 联赛以"风云再起"为口号,由游戏风云和明日世界竞技体育共同主办,获得了上海市政府的大力支持,指导单位有:上海市文化局、上海市广电局、上海市体育局。赛事有丰富的游戏内资源、独家资源(自有上星电视台、自有移动广告、自有户外广告)、视频资源、百度贴吧资源、明星资源、解说资源、主播资源等,为所有电竞爱好者提供一场狂欢盛宴。

1.2 赛事主题

赛事的背景(主办承办组织)、赛事的规模、运营方式、时间、地点、场地等这些赛事的基本信息构成了赛事策划书的基础内容。将这些概念凝练起来,可以以"口号""Slogan"的形式展现出来,构成赛事主题的最基本元素。对于中大型电子竞技赛事而言,赛事主题的策划相当重要,是赛事在宣传时的核心,构建了赛事的整体氛围。赛事主题的确定时间与其他策划书内容一般无严格的先后顺序,但在策划书成文时,一般置于前面部分,以使读者对赛事有一个快速直观的印象。

赛事主题不仅仅局限于 Slogan,它可以通过赛事主题色、主题曲、赛事 Logo(会徽、会标)、游戏内的画面包装、决赛舞台设计等一系列赛事标记物或赛事元素不断地重复展示和强化,加深观众、选手对于赛事的印象。

图 3.7 英雄联盟世界赛 S10 的中文 Slogan

> **【案例】**
>
> 　　以英雄联盟世界赛为例，S10 的中文 Slogan 为"所向无前"，主题曲 Taking Over 的中文名同为"所向无前"。游戏官方网站的赛事主页配色风格与直播时游戏内的 UI 画面保持一致。值得一提的是，英雄联盟的世界赛从第二届开始就精心制作了主题曲，并在 2014 年后制作了对应的动画 MV。这些元素为赛事增添了厚度，使得观众在回忆时增加了共鸣之处，一些经典曲目如"Legends Never Die"的传播度甚至比当年的中文 Slogan 更广。

1.3　赛事目标

　　《体育赛事策划与管理》一书中认为，"规划"是指一个未来导向的（future oriented）、将焦点集中于目的与目标以及如何取得这些目标的途径的过程。具体到体育赛事，这一过程的基本内容包括赛事的战略规划（明确赛事目标）和赛事的项目规划（确定具体任务）两个部分。

1.3.1　电子竞技赛事目标的概念与意义

　　对赛事进行战略规划，明确赛事主要目标是电子竞技赛事策划的首要工作，只有确定了赛事的目标，赛事策划的其他内容才有据可循。

　　电子竞技赛事目标指的是赛事活动依据某些标准需要达到的程度。目的和目标的概念相似，赛事目的的表述较为抽象，电子竞技赛事目的通常会直接在赛事策划书中以赛事主旨的方式体现。具体区别在于：

　　目的更具有概括性，目标更具体化、数字化；

　　目的可以分解为目标，目的的实现依赖多种目标的实现；

　　目的没有时间限制，目标一般有时间限制。

　　一般而言，大型赛事的"口号"或理念能在一定程度上体现赛事目的。

> **【案例】**
>
> 　　WCG（世界电子竞技大赛）的举办口号是"beyond the game"，旨在推动电子竞技的全球发展，促进人们在网络时代的沟通、互动和交流，促进人类生活的和谐与愉快。全国电子竞技公开赛（NESO, National Electronic Sports Open）以"你的游戏，我的比赛"（Your Game, My Game）为口号，力图将年轻人群中的竞技游戏，演绎成为高水准、高参与度的年度竞技赛事盛典，并能达到鼓励各地区发展本土电竞，营造良好电竞氛围，培养地区优秀电竞选手的最终目的。

电子竞技赛事目标对赛事策划具有方向性的指引作用,有时长效的目标会与赛事举办地的经济、文化、政治、环境等议题联系起来。

赛事可以完全按照举办者的意愿设立目标,目标可以多样化,但是如果在前期就设定了过于细碎的目标,很容易在具体执行时抓不住重点,策划工作也会没有明确的方向。目标的表述要明确,使得所有赛事生产者能够在施行的过程中保证一致性。

1.3.2 电子竞技赛事目标的分类

从电子竞技赛事战略规划的层次上区分,赛事的目标可以分为组织目标与商业目标。

组织目标是赛事组织者对于自身团队未来的发展期许。某些赛事活动从在立项的初期就会明确赛事的举办目标是为了锻炼整个队伍,为下次赛事做好人员上的准备。一个赛事的组织机构越庞大,保持组织目标的一致性就越困难。有时活动的最主要组织者(主办方)和其委托的管理机构(承办方、协办方)也会存在目标冲突。

商业目标包括实现最大的利润、提高赛事关注度等。有时赛事目标本身不直接和财务挂钩,但对财务的规划、经费的控制也有一定的影响。这些明确的、可量化的商业目标可以有效规范赛事的各个环节。

1.3.3 电子竞技赛事常见的目标

电子竞技赛事目标多样,一般包括选拔电竞职业选手、培养本地电竞明星、打造电竞赛事品牌、促进举办城市的文化体育产业发展、推动电竞行业发展等。

> 【案例】
>
> NEST 是由国家体育总局体育信息中心主办,上海华奥电竞信息科技有限公司(CGA)承办的一项综合电子竞技赛事,旨在通过 NEST 让主流社会接受认可电子竞技运动项目,传播中国电子竞技正能量,形成企业、媒介、行业良性产业链循环。
>
> NEST 整体的赛事品牌决定了其赛事目标,其核心的赛事产品主打综合性电竞赛事特点,旨在填补国内大型综合电子竞技赛事的空白。综合性电子竞技赛事即多项目电子竞技赛事,强调了赛事本身的第三方属性,减少赛事的营销意味,因此只要保证项目的多元化,即可实现赛事的核心目标。达成核心目标后,在最广泛的项目基础上吸引更多的玩家参与,塑造综合类赛事品牌的专业形象,吸引国外玩家的关注,打造赛事品牌的国际化,吸引中小游戏项目厂商的加入,打通产业链。NEST 具体赛事目标如图 3.8 所示。

通常电子竞技赛事的最终目标围绕以下五个方向进行设定:

(1)赛事的规模

赛事的规模是最为直观的赛事属性,可以在其他目标不甚明确时作为设定的基础。比如赛事的参赛队伍、运动员数量、到场观赛的观众数量、直转播覆盖的区域等。

图 3.8　NEST 赛事简介

也有些电子竞技赛事由于游戏厂商的明确要求而必须达到一定的规模。比如 DOTA2 官方要求申办甲级锦标赛与乙级锦标赛必须具备一定的规模，2017 年要求两类锦标赛需要包含 6 大赛区，且每个赛区都要举办预选赛决出参赛名额。同时甲级锦标赛的奖金至少是 50 万美金，乙级锦标赛的奖金至少是 15 万美金。2018 年，这项规定又要求所有的甲级锦标赛必须有 16 支以上的队伍参加决赛。

（2）赛事的地点

在特定的城市或者特定的场馆举办赛事也是电子竞技赛事常见的目标。

【案例】

英雄联盟职业联赛（LPL）在 2017 年尝试使用主客场制度，其背后的目标是希望能让 LPL 成为中国最专业的体育赛事。LPL 明白以往的联赛场馆固定在上海一处，使得整个赛事的影响力在广度和深度上远远不如传统体育。2018 年 LPL 公布了三个场馆：杭州 LGD 主场、成都 OMG 主场和重庆 Snake 主场，此时在三个不同的地区将英雄联盟赛事落地，即是赛事组织团队的主要目标。

世界电子竞技大赛（World Cyber Arena，WCA），创立于 2014 年，是一项全球性的电子竞技赛事，该项赛事旨在继承和发扬 WCG 世界电竞大赛的竞技体育精神。WCA 由银川市政府、银川圣地国际游戏投资有限公司运营。永久举办地为银川市。

2014 年创办的 WCA 成为国内首个由地方政府主导的全球性电子竞技赛事，打破了电竞大赛不设永久举办地的历史。银川毫无疑问希望通过 WCA 这一电竞盛会打通整个信息消费产业的通路，吸引游戏公司、各路资本进驻，打造中国的"电竞之都"。

（3）赛事的声望

要使赛事达到一定的声望目标，可以抽象地理解为要使本赛事在某一个项目、地区中成为同类赛事中的佼佼者。

【案例】

MDL（MarsTV DOTA2 League）是 Mars 耀宇传媒在 2014 年打造的 DOTA2 第三方赛事品牌。随着 DOTA2 官方赛事体系的逐步搭建完成，不能融入体系成为专业、独特的第三方赛事品牌，使其地位显得尴尬。MDL 在积极融入官方赛事体系的同时也不断提升自身的办赛质量，2019 年首次在国门之外举办大型电竞赛事。MDL 的赛事目标就是打造最优秀的第三方 DOTA2 赛事品牌，从组织目标上看，MDL 也为 MarsTV 培养了一批身经百战的赛事运营人员。

（4）市场营销组合

从市场营销的角度看，赛事的目标会更加立体。市场营销组合下的赛事目标，除了关乎满足消费者的需要，也体现在提升产品的市场占有率和品牌知名度等。

【案例 1】

快手作为 2019 年中国用户体量最大的游戏直播平台，不仅购买了许多头部赛事的赛事版权，更是亲自下场，打造了快手王者荣耀城市电子竞技嘉年华、快手 PUBG 公开赛等电子竞技赛事。

快手通过组织电竞赛事等手段逐步构建自己的电子竞技内容，利用自身的用户与流量的优势，让电竞内容、电竞文化深入更广泛的领域，并产生持续的吸引力，对电竞产业的快速发展打下坚实的用户基础，最终促使快手直播、短视频内容与电竞行业的双向促进与发展。

【案例 2】

腾讯电竞运动会（Tencent Global eSports Arena，简称 TGA）于 2010 年诞生，如今已经覆盖了 30 多款游戏项目，每年会在全国进行超过 8 场的落地赛事，直播日长达 180 日以上。最初 TGA 承担了一个赛事平台的任务，整合了腾讯旗下的所有游戏，为旗下的游戏提供完善的赛事服务，最大限度地提升各个游戏的竞技氛围，减轻游戏项目本身的运营成本,同时增加曝光量,带动游戏的各方面数据。

在经过多年的发展之后,TGA 孵化了许多单独品类项目的职业联赛体系如 LPL(英雄联盟职业联赛)、CFPL(穿越火线职业联赛)、KPL(王者荣耀职业联赛)。

同时 TGA 选拔了一批解说与主持人,为其他顶级赛事起到了锻炼主持队伍、赛事运营团队的作用,形成了一套人才挖掘、选拔、上升的体系。

（5）财务

从财务角度出发制定赛事目标更符合中小型赛事的实际需求。赛事的成本与利润关乎赛事的规模。

1.4 赛事任务

1.4.1　电子竞技赛事任务的概念

与战略规划相对的是,项目规划将工作的重点放在更为具体或具有中观和微观层次的问题上,旨在为短期计划进行筹划。项目就是指在规定时间内必须完成,有特定细节目标的一系列相关工作。

电子竞技赛事具体的任务来源于赛事的战略规划与目标,是赛事项目规划的具体体现。任务在时间跨度上一般不长于几个月,并且通常由一个小组完成。如果需要的话,可以对任务进一步细分,即分成更有实际意义的子任务。

1.4.2　电子竞技赛事任务设置的原则

（1）明确性

明确性,即要用具体的语言清楚地说明任务完成的指标。譬如某场王者荣耀赛事的要求中提到:需要保证赛事的网络稳定。那么此处在确定任务时就要明确细节。

表 3.5　不够明确的任务与明确的任务

王者荣耀赛事的网络要求	
不够明确的任务	在游戏进行时的网络需要保证低延迟 为保证游戏更新流畅,用于更新的网络速度须达到 100 M
明确的任务	游戏进行期间,设备延迟始终低于 40 ms 比赛用机可使用的网络为达到上下行对等的 100 M 专线 电信/网通网络

（2）可度量性

可度量性是明确性的延伸,不仅要求指标明确,同时要求指标是可以通过数据测量的,或者是这些信息是能够得到验证的。

电子竞技赛事的运营工作绝大多数都可以从数量、质量、成本、时间几个角度进行量化。某些难以量化的指标,譬如线下观众对于赛事的满意度也可以通过调查问卷的形式得出统计学上的答案。

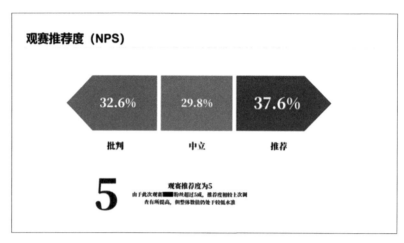

图 3.9　某场英雄联盟比赛的观赛推荐度指标

（3）可达成性

可达成性,指任务应当是可以实现的,不应当设定过高的目标。在电子竞技赛事的策划过程中应当根据现有的时间、团队内外的资源,设置在付出努力之后有可能实现的任务。

（4）相关性

相关性,指的是该任务和其他任务的关联状况。如果一项任务和其他任务之间并没有明确的联系,甚至和赛事的主要目标背道而驰,那么即使该任务能够实现,意义也并不大。

（5）时限性

时限性指为电子竞技赛事设定具体的任务时,要设定明确的时间节点。运营工作的各个环节息息相关,一项任务设定若没有时间的限制,会导致其他任务的完成也受到影响。

1.5　赛事看点

赛事看点是赛事中的亮点,可作为赛事营销和招商的宣讲点。好的赛事看点可以快速吸引外界注意力,加深其对赛事的印象。赛事的规模、赛事团队的实力、奖金池金额等均可成为赛事看点。例如,G 联赛 2018 可以将女子偶像组合 AKB48 作为本届比赛的代言人、著名主持人华少作为总决赛嘉宾主持、百万＋粉丝主播全程解说作为赛事看点。

1.6　游戏介绍

游戏介绍指对本次比赛所涉及的比赛项目进行介绍。游戏介绍在对外的赛事策划中十分重要,尤其当观看策划书的人群对此次比赛项目不了解时。对游戏的介绍应着重于游戏玩家的注册数量和活跃数量、带来的收入等信息,重点突出游戏推广度和价值。有时根据需要,游戏介绍会出现在营销或招商策划书中。

| 【案例】 |

游戏风云–G 联赛 2018 招商策划书中,关于游戏的介绍:

图 3.10　游戏风云–G 联赛 2018 游戏介绍

实战训练

　　请你对某项世界知名的电竞赛事做一个简单的基本概况介绍。思考赛事基本概况除了本书所介绍的内容,还可以添加哪些内容。

◯ 任务 2　电子竞技赛事的竞赛规程

任务目标

了解电子竞技赛事规程的内容要点

任务描述

一份完善的赛事规程包含的内容有很多,尤其是在电子竞技赛事规程中,包含了对电子设备的详细要求。本任务需要了解哪些是电竞赛事规程的重要内容。

在体育赛事策划过程中有一件必不可少的工作,就是制定比赛规程。这是比赛实施的指导性文件,是所有参赛队必须照章执行的法规文本。其内容包括参赛运动员资格和要求、报名时间和地点、迎接和食宿安排、参赛费用、技术及裁判规则、比赛方式及裁判员的委派、比赛时间、名次确定、奖励、最佳奖项的评选等。

一份完整的大型电竞赛事竞赛规程内容十分宽泛而详细,往往能够达到数万字之多。赛事规程涉及较为专业的电竞赛事知识,一般由竞赛部主导撰写。

【案例】

2020 年英雄联盟全球总决赛规则多达两万余字,以下是规则目录。

2020 年英雄联盟全球总决赛规则目录

1. 队伍成员资格

1.1. 选手年龄

1.2. 居住地与工作资格

1.3. 非拳头游戏(Riot Games)员工

2. 参赛资格和奖金

2.1. 队伍资格

2.2. 赛事奖金

3. 阵容规则

3.1. 术语释义

3.2. 名单要求

3.3. 教练

3.4. 正式名单确定

3.5. 阵容和选边提交

3.6. 单日人员调整和选边

3.7. 队伍名称、队伍标签及选手姓名

4. 选手设备

4.1. 全球总决赛提供的设备

4.2. 选手或战队拥有的设备

4.3. 全球总决赛外设政策

4.4. 设备的更换

4.5. 选手与教练服装

4.6. 电脑程序及使用

4.7. 客户端账号

4.8. 音频控制

4.9. 设备干预

5. 场馆与比赛区域布局

5.1. 场馆通道

5.2. 比赛区域

5.3. 热身区域

5.4. 其他队伍成员区域

5.5. 临时医疗观察区域

5.6. 权限

6. 赛事结构

6.1. 日程安排

6.2. 入围赛阶段

6.3. 入围赛淘汰阶段

6.4. 小组赛阶段

6.5. 淘汰赛阶段（四分之一决赛、半决赛和决赛）

7. 比赛进程

7.1. 赛程修改

7.2. 抵达演播室

7.3. 裁判

7.4. 比赛版本

7.5. 赛前准备

7.6. 游戏准备和比赛限制

8. 游戏规则

8.1. 术语释义

8.2. 游戏中止

8.3. 重启和恢复程序

8.4. 时空断裂的可用性及使用

8.5. 重赛流程

8.6. 硬件故障

8.7. 自由裁量权

8.8. 判定获胜

8.9. 游戏后程序

8.10. 比赛后程序

9. 选手行为

9.1. 竞技行为

9.2. 不专业的行为

9.3. 涉及赌博

9.4. 特别要求

9.5. 受罚

9.6. 处罚

9.7. 发表权

10. 规则精神

10.1. 最终决定权

10.2. 规则变动

10.3. 全球总决赛的最大利益

规则简介

此份2020年全球总决赛官方规则(简称"规则")适用于每支获得2020年全球总决赛资格的队伍,包括他们的管理人员、教练、选手或者其他雇员。此规则只适用于2020年全球总决赛而非其他竞赛、锦标赛或者是有组织的英雄联盟活动。

此规则的设定只是为了确保全球总决赛官方为英雄联盟职业比赛所建立系统的完整性,并保证职业级队伍间较量的公平性。标准化的规则有益于所有参与到英雄联盟职业比赛中的各个角色,包括队伍、选手以及管理者。

◎ 任务3　电子竞技赛事的时间进度计划

任务目标

了解电子竞技赛事时间进度计划的主要内容

任务描述

电子竞技赛事时间进度计划体现了整个赛事周期的主要赛事内容,制定进度计划,有助于对赛事进度进行把控。

赛事时间进度计划是指把整个赛事的重要事件按照发生的时间顺序进行罗列说明的计划,主要包括赛事的策划、招商、营销、执行和评估总结等。虽然赛事各节点的发生时间并无严格的先后顺序,有时两个节点还有相互穿插的情况,如赛事的招商和营销就可以同时进行,但是制定一份严谨的进度计划,会给赛事工作人员提供参考,为赛事如期顺利举办带来帮助。

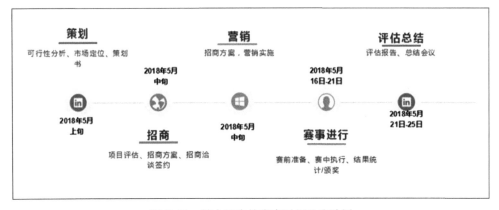

图 3.11　某电子竞技赛事时间进度计划

除了整个赛事的时间进度计划,根据需要还应将各个节点进行细分,制定出更加详细的时间节点进度计划。如:招商时间节点计划、营销时间节点计划和执行进度计划等。其中执行进度计划是赛事中必不可少的内容,一般用执行时间表表示,执行时间表在本模块项目1中已有详细阐述。

◎ 任务4　电子竞技赛事的财务计划

任务目标

(1) 了解电子竞技赛事财务计划的主要内容

(2) 学会制作电子竞技赛事财务计划表

任务描述

电子竞技赛事的财务计划与一般体育赛事活动类似,主要包括利润、成本和现金流量等内容。了解这些内容的具体条目,并学会用表格表示这些条目,是本任务的重点。

财务计划通常利用财务报表的形式加以解释说明,财务报表是反映某单位一定时期资金、利润状况的会计报表,在电子竞技赛事中通常利用的财务报表一般有预期收益表、成本预估表和现金流量表等。财务报表可分为表首、正表两部分,其中表首说明制表单位、制表日期、计量单位、报表编号等,正表是报表的主体,说明报表各个项目及其计算过程。根据需要,报表还可以补充其他内容,如:利润分配表就常常作为利润表的附表出现。

4.1 预期利润表

利润表也称收益表、损益表,反映了本次赛事收入、费用和损失的金额和结构情况,反映的是赛事的运营成果。利润表格式有单步式和多步式两种,单步式利润表较为简单,是将单次赛事所有收入直接减去所有支出,多步式利润表是对单次赛事的收入、支出按项目性质进行分类,按利润形成的主要环节分步计算,主要编制步骤和内容如下:

第一步,以赛事收入为基础,减去赛事成本、营业税额、营销费用、管理费用、财务费用、资产损耗值等,计算出赛事利润。

第二步,以赛事利润为基础,加上赛事外收入,减去赛事外支出,计算出利润总额。赛事外收入如政府补贴,赛事外支出如公关费用等。

第三步,以利润总额为基础,减去所得税费用。所得税费用是指企业在经营时获得的利润所应缴纳的费用,最后得出净利润。

表 3.6 预期利润表

制表单位:		年　月　日	计量单位:元		报表编号:
项目	行次		金额		附注
一、赛事收入	1				
减:赛事成本	2				
营业税额	3				
营销费用	4				
管理费用	5				
财务费用	6				
资产损耗值	7				

续　表

项目	行次	金额	附注
二、赛事利润	8		
加：赛事外收入	9		
减：赛事外支出	10		
三、利润总额	11		
减：所得税费用	12		
四、净利润	13		
单位负责人：	财务负责人：	制表人：	

4.2　成本预估表

成本预估是指在赛事开展前，根据赛事活动所需的资源，估算各项目和整个赛事成本的一项成本管理工作。成本预估对赛事举办至关重要，往往能够决定是否举办比赛，所以预估值需尽可能精确。作为利润估算的重要组成部分，成本预估表经常作为预期利润表的附表出现。

表 3.7　成本预估表

制表单位：	年　月　日	计量单位：元		报表编号：
类别	项目	单价	数量	金额
人工成本	职工工资			
	外聘工资			
	顾问费用			
	交通、食宿费用			
物资成本 （包括租赁）	物料费用			
	设备费用			
	场馆费用			
营销	地推费用			
	媒体宣传费用			
销售	招商			
	赛事相关产品			
奖金	奖金			

续　表

类别	项目	单价	数量	金额
其他费用	保险			
	外包商费用			
	直播、转播费用			
	……			
单位负责人：	财务负责人：	制表人：		

4.3　现金流量表

　　现金流量表是反映某段时间里企业经营活动、投资活动和筹资活动中现金（或等同于现金的物品）变动的财务报表。作为一个分析工具，现金流量表在电子竞技赛事中可以反映赛事缴付款的能力，反映赛事现金流入和流出动态的过程，所以现金流量表需要在赛事开始前制定大致结构，并在赛事进行中根据具体情况不断填写内容，直至赛事结束后填写完成。

　　因为单次电竞赛事周期短的缘故，其现金一般不做投资活动，所以现金流量表主要内容是赛事活动和筹资活动，如下表。

表3.8　现金流量表

制表单位：	年　月　日	计量单位：元	报表编号：
项目	本期金额	上期金额	附注
一、赛事活动产生的现金流			
赛事直播与转播收入现金			
赛事产品收入现金			
赛事活动现金流入小结			
其他与赛事活动有关的收入			
支付租赁费、手续费及佣金的现金			
支付给职工的现金			
支付各项税费的现金			
支付各种物资费的现金			
支付其他与赛事活动有关的现金			
赛事活动现金流出小结			
赛事活动产生的现金流量净额			
二、筹资活动产生的现金流			
吸收投资收到的现金			

续 表

项目	本期金额	上期金额	附注
招商赞助收到的现金			
政府补贴收到的现金			
其他筹资活动收到的现金			
筹资活动现金流入小计			
分配利润、偿付利息支付的现金			
偿还债务支付的现金			
支付其他与筹资活动有关的现金			
筹资活动现金流出小计			
筹资活动产生的现金流量净额			
三、现金及现金等价物净增加额			
四、初期现金及现金等价物余额			
五、末期现金及现金等价物余额			
单位负责人：	财务负责人：	制表人：	

◎ 任务 5　电子竞技赛事的比赛场馆计划

任务目标

了解电子竞技赛事场馆的规格要素和设计要求

任务描述

合适的比赛场馆对于比赛的顺利举办十分重要，了解场馆规格要素和设计要点，是赛事策划中的必备能力。

5.1　场馆规格

比赛场馆包括比赛场和比赛馆，室外的称之为场，室内的称之为馆，电子竞技赛事一般在比赛馆进行。确定比赛场馆首先要了解赛事规模和要求，将之与场馆规格要素进行匹配。匹配的顺序应从重要的规格要素开始，如符合要求则匹配下一个规格要素，以提高选择场馆的效率。场馆的规格要素一般包括：地理位置、人口容量、价格、结构等。

5.1.1　地理位置

一般而言，地理位置是选择场馆时应考虑的第一个因素，赛事举办地的地理位置直接受赛事目的和举办条件的影响。如某项电竞赛事的举办目的是使某项游戏在大学生中得到推广,举办地就应该选择离学校较近的地方或直接选择校内。举办条件包括某地的经济条件、文化条件和交通条件等。在考虑交通条件时,应尽量保证比赛场馆有足够的停车场,并靠近交通干道和公共交通车站,同时考虑场馆使用时大量人流和车流同城市交通之间的矛盾。

5.1.2 人口容量

在选择了赛事举办地后,应考虑的是赛事规模和场馆规模匹配的问题。场馆规模可用观众席数量进行衡量,在体育馆中,一般把观众席大于 8 000 个的称为大型体育馆,3 000～8 000 个的称为中型体育馆,少于 3 000 个的称为小型体育馆。

5.1.3 价格

价格因素应根据赛事规模、赛事目的、赛事收益等因素综合进行匹配考量。

5.1.4 结构

结构包括场馆面积、空间高度和布局。在许多传统体育赛事中,体育场馆的规格有严格的标准,如国际羽联规定羽毛球场地上方应至少 9 米无任何障碍物。在电竞赛事中,对比赛场馆并无特殊规定,更多考虑的是空间结构是否能满足参赛选手参赛以及是否能满足一定数量的观众观看比赛。任何一项赛事都应考虑场馆布局问题,这不仅关乎比赛是否能顺利进行,也关乎安全问题,一般在发生突发情况时,应保证场馆内所有人员能够在 5 分钟之内安全疏散至场馆外。

5.1.5 其他

其他条件包括光照、温度、通风、辅助设备等要素。

5.2 场馆设计

选定了场馆之后需要对场馆进行规划设计。首先应将场馆划分片区,片区主要有比赛区、观众区、主席台、参赛人员休息区、技术台、直播/转播区、产品体验售卖区、后勤保障区等。每一个片区需根据赛事需要作出具体安排,为提高观赏效果,观众席看台一般设计成梯字型,高度超过 45 厘米,坡度不高于 30 度。

◎ 任务 6　电子竞技赛事的物料设备计划

任务目标

学会制作电子竞技赛事物料和设备表

任务描述

电子竞技赛事的物料和设备种类需求较多,需求计划通常需要多部门共同制定。

物料设备计划是赛事竞赛部、内容制作部以及后勤部等部门进行对接的重要计划,主要用于表达赛事对物资的需求。物料和设备计划通常用表格表示。

6.1　物料表

物料表一般包括物料的名称、用途、尺寸、数量、备注等信息。物料表内容应尽可能清晰明了,防止部门对接产生困难,具体示例如表 3.9。

表 3.9　某电子竞技赛事物料需求表

区域	名称	用途	规格	数量	备注
参赛队员休息室	沙发	队员休息	有靠背/软式	每间 6 人量	
	凳子			每间 6 人量	
	桌子	摆放电脑		每间 6 人量	
	小吃	补充能量		每间 6 人量	
	杯子			适量	
	矿泉水			每间 6 瓶	
	热水壶			每间 1 个	
	毛巾		干湿	适量	
	电子白板	战术讲解	移动立式	每间 1 个	
	记号笔			每间 2 个	
	垃圾桶			每间 1 个	
比赛现场	矿泉水			每间 6 个	
	桌子	裁判席		10 人量	
	红色桌布	裁判席			
	凳子			10 个	
	领奖台		移动式/长条		
	奖杯				
	医疗箱			1 个	
外场	易拉宝	战队、赛事宣传		12 个	
	展板	赞助商宣传		6 个	根据赞助商需要制作,规格需统一
	道路指示牌				

续　表

区域	名称	用途	规格	数量	备注
	广告隔板	赞助商宣传、划分区域			根据赞助商需要制作,规格需统一
	间隔栏	划分区域		60 米	

6.2　设备表

电竞赛事设备包括比赛需使用的设备和直/转播使用的设备。设备表一般包括设备的名称、品牌型号、用途和数量等内容。有些赛事因为相对成熟,显示的设备表也可以相对简单,如 LGD 举办的某项电竞赛事的导播间设备表如表 3.10 所示。

表 3.10　某电子竞技赛事设备表

设　　备	人员
HAHUNA 4M/E DUCTION STUDIO	导演
HAHUNA 4M/E BROADCAST PANEL	导播
HANABI 2M/E DUCTION STUDIO	字幕×2
HANABI 2M/E BROADCAST PANEL	VCR
ATEM 2M/E PRO DUCTION STUDIO 4K	3PLAY
ATEM 2M/E BROADCAST PANEL	OB×3
VIZ 在线包装系统	音控
YAMAHA Audio Mixing Console 数字调音台	推流录制×2
内通系统	
解说麦克风	
现场主持麦克风	
AJA 双硬盘录机	
OB 机/PC 数据端	
大洋字幕机	
VideoPlayer 放像机	
SONY 2580 广播级高清讯道机	
SONY CCU 系统	

续　表

设　备	人　员
3PLAY ONE 慢动作回放	
摇臂	
(摄像机×6)	

◎ 任务 7　电子竞技赛事的风险管理计划

任务目标

（1）了解电子竞技赛事风险管理的步骤

（2）了解常见的电子竞技赛事风险

任务描述

在体育赛事活动中必然会存在各种风险，本任务的学习重点是学会识别并防范电子竞技赛事中的各式风险。

体育赛事在筹划和组织过程中，会面临诸多不确定因素，因此必须制定详细的风险管理计划，才能保障赛事顺利进行。一般而言，体育赛事的风险具有高发性、复杂性和难预测性等特点。

7.1　风险管理的步骤

① 成立风险管理组织。风险管理组织可由组织部或后勤部人员组成，负责赛事从筹备到举办直至收尾阶段的风险管理事务。

② 风险识别。综合分析影响赛事的各方面因素，进行风险识别，然后对风险进行定性或定量的评估，评估风险对赛事的影响。

③ 制定风险管理计划。风险管理包括风险防范和风险应对两方面内容，制定的风险管理计划首先要着重考虑防止风险的发生，其次才是制定应急策略。

④ 风险监控。风险监控应及时全面，使得风险管理计划能及时有效实施。

7.2　常见的赛事风险

7.2.1　政治风险

政治风险指涉及国家意志、文化价值观、种族、宗教等方面的风险。在体育赛事中，应充分了解当地的政策和法规，尤其在赛事主题、赛事口号中要体现积极向上的态度，不能违背道德,以保证赛事获得各方支持,保证赛事顺利进行。尤其注意的是要适当管控观众行为,防止观众过激行为导致意外事件发生。

【案例1】

欧洲足球赛场种族歧视性口号屡禁不止,2002年欧锦赛小组预选赛前,欧足联针对球场种族歧视问题已经采取了相应的预防措施。然而在英格兰和斯洛伐克的比赛中,英格兰上百名球迷出现了骚乱,虽然骚乱很快被防暴警察控制,但斯洛伐克大批球迷对英格兰黑人球员赫斯基和阿什利·科尔大喊出了种族歧视性口号。这无疑为此次赛事抹上了极不光彩的一笔。

【案例2】

在2018年韩国LOL总决赛GRX与SUP的比赛中,LPL的官方解说对着全国观众,公然调侃革命先烈,一时引起轩然大波。

在各界声讨之下解说受到了腾讯的处罚。此事件给整个赛事的声誉造成了极大的不良影响。

7.2.2 经济风险

经济风险包括财务风险和经营风险。

财务风险主要指现金流不能支撑赛事顺利进行的风险。这就要求在赛事筹备时做好尽可能科学详细的财务计划,在赛事进行中详细记录现金流量,实时做好财务监控。同时还应制定一套财务不足的应急方案。

经营风险主要指赛事经营亏损的风险。这不仅要求制定科学详细的财务计划,还应加强经营能力,提高赛事运营效率,增强赛事营销和招商能力,尽可能地开源和节流。

【案例】世界电子竞技大赛(World Cyber Games)的兴衰史

WCG创立于2000年,于2001年正式开赛,由韩国国际电子营销公司(Internation Cyber Marketing, ICM)主办。自开赛时,WCG的主办方就将其定位成全球性的电子竞技奥运盛会。其是一个以奥林匹克运动会形式筹办的电子运动会,承担着沟通全球顶尖电子竞技运动选手、促进国际间电子竞技运动交流的责任。经过14个年头的发展,WCG逐渐成为新体育形式的开创者,成为各国电竞选手参赛的一个固定精神指标,曾经在中国、韩国、美国、意大利、德国、新加坡等地举办了总决赛。

然而正当 WCG 风头正盛时，2014 年 WCG 主办方出于世界趋势及商业环境等因素的考虑，突然停办了赛事。WCG 全体同仁深感震撼之余亦感惋惜。其实 WCG 的崛起和没落均与其赞助商模式有关，具体来说是源于赞助商三星集团的转型。WCG 是以赞助商为主导的赛事，其兴起是因为三星集团的世界性扩张，高额而不计回报的投入。从 2000 年到 2006 年左右，三星在韩元贬值、半导体和等离子显示屏等技术领先的背景下迅猛发展，作为这些技术的展示平台，WCG 因此获得了三星的鼎力支持。从 2006 年开始，三星受制于韩元升值和一系列公司管理层震荡等原因，三星电子的半导体、LCD、手机获利持续下滑，因此从 2008 年和 2009 年开始执行战略转型，把重点放在了 LED 电视和 Galaxy S 系列手机上。很显然以 PC 端游戏为载体的 WCG 的发展方向已经与三星战略不再一致。为应对三星经营业务的变化，WCG 主办方就有将赛事 PC 端项目改为移动端项目的打算，然而出于各种原因这种打算未能付诸实践，而是采用了停办赛事这一更为直接的应对方式，让人不胜唏嘘。不过，随着韩国游戏大厂 Smilegate 取得商标授权，宣布 WCG 2019 总决赛地点为中国西安，并在 2019 年 2 月 19 日揭晓首个比赛项目《DOTA2》，停办 5 年之久的 WCG 世界电子竞技大赛正式复活。

WCG 的兴衰史体现了财务对于比赛的重要性。不过度依赖赞助，加强自身赛事的运营水平和盈利能力，恐怕才是赛事走向更高更远的发展之道。

7.2.3　灾害风险

灾害风险主要指遭遇自然灾害的风险，包括风、雨、雪、雷电、冰雹、高温、地震等。这要求根据天气和地理条件，选择合适的比赛时间和地点。同时应制定紧急疏散和避灾方案，这就涉及场馆结构、工作人员培训等问题。

7.2.4　人为风险

人为风险主要指不法分子人为破坏、制造混乱等风险，包括盗窃、纵火、人身伤害等。这就要求加强观众在入场时的检查工作，同时安排人手巡视，紧急处理。

【案例】

在 2019 年 3 月 12 日英冠联赛进行到第 9 分钟时，一位伯明翰球迷突然冲击球场，对着阿斯顿维拉球员格拉利什脑袋狠狠地打了一拳，格拉利什随即倒地。袭击者很快被安保人员控制，格拉利什也并无大碍，但他在赛后庆幸地表示："还好袭击者没有手持武器，否则后果不堪设想。"

7.2.5　运行风险

运行风险主要指在赛事筹备和进行过程中,发生的交通、卫生、媒体传播等意外事件,而影响比赛顺利进行的风险。在传统体育赛事中,运动员在比赛期间的卫生健康问题备受重视,而电子竞技赛事因为更多考验的是运动员的脑力,因此在比赛中身体受伤的机会并不多,但是健康问题同样需要重视。

【案例】

2016年11月9日凌晨,VG俱乐部CS:GO选手Savage在乘机返回上海基地的途中,因地滑不慎在贵阳机场摔倒,导致头部受创陷入短暂昏迷。后紧急送往医院救治,前额伤口缝了12针,院方要求留院观察,因此Savage不得不缺席10日在韩国举行的WESG赛事。

7.2.6　场馆风险

场馆风险指场馆不能如期满足赛事要求的风险。包括场馆不能如期完工、场馆布置不符合要求或存在安全隐患两个方面。这就要求场馆建设需要组织部、竞赛部、内容制作部、后勤部等多个部门同时监工,保证场馆如期高质量建成。

7.2.7　技术风险

技术风险主要指技术人员和设备技术水平低下或设备故障影响赛事进行的风险。电子竞技赛事对技术的依赖性很强,对比赛设备和媒体设备都有较高要求。

电竞赛事的技术故障主要表现在三个方面:

一是游戏客户端问题。游戏客户端出现问题后,工程师需要准确地定位问题,并尽量在短时间内进行解决。然而当出现一些比较严重的游戏BUG和错误时,往往需要重赛,给比赛的顺利进行造成很大麻烦。

二是网络波动问题。比赛中出现网络波动的情况时有发生,网络波动导致的最直接的问题就是显示屏显示画面的延时,这直接影响到选手水平的发挥,使比赛有失公平性。

三是设备问题。设备问题中,音频问题是最容易出现的问题之一。

为降低技术风险,需要加强技术人员的技术水平,保证使用的设备能够符合赛事要求。同时加强设备的保养和调试,应制定一套应急预案,保证赛事在设备故障的情况下仍能顺利进行。另外,随着科学技术的发展,各式用于作弊的外挂软件、兴奋剂和外设开始在电竞赛事中使用,为保证赛事的公平公正,应加强对比赛设备和运动员的检查。

【案例】2019 年王者荣耀冬季冠军杯赛事技术故障

2019 年 1 月 13 日，王者荣耀冬季冠军杯在上海东方体育中心举行，这一日，Hero 久竞不负众望，以 4-2 的比分拿下了第一个冬冠杯总冠军。在第五局比赛中，兰陵王走中路，韩信打野，姜子牙辅助，而程咬金则边路带线，这一套极偏前期的阵容在此前比赛中从未出现过，观众可谓是万分期待。不遂人意的是，比赛中出现了选手手机闪退和网络波动的情况，随即比赛出现了三次暂停，由此引发了粉丝们的热议，认为在激烈的比赛中出现暂停，一来影响选手们的心态，二来严重影响了观众的观赛体验。

事后，KPL 王者荣耀职业联赛官方微博发出声明，对这次故障作出了以下解释：

（1）游戏时间 12 分 04 秒：Hero 久竞.久龙使用的吕布召唤师技能出现异常 Bug。

（2）游戏时间 30 分 41 秒：Hero 久竞.久诚的游戏客户端发生异常，无法继续正常比赛。

（3）游戏时间 33 分 36 秒：Hero 久竞.久龙的游戏客户端发生异常，无法继续正常比赛。

比赛现场出现问题后，选手立即示意裁判，经过裁判确认问题后由裁判发起了紧急暂停，同时赛事团队立即处理了上述异常问题，确保整体比赛正常进行。

以上问题，主办方在比赛结束后也再次进行了相关核实和确认。

除上述内容，电子竞技赛事还需撰写招商和营销计划，招商和营销是赛事的关键一环，好的招商和营销计划对挖掘和释放赛事活力、扩大赛事影响力、获取赛事资源具有重要意义。赛事营销和招商计划将分别在模块 4、模块 5 中单独描述。

模块思考题

（1）电子竞技赛事策划有哪些重要的内容？

（2）如何制定一份好的电子竞技赛事策划书？

（3）电子竞技赛事策划过程中有哪些步骤可以同时进行？

（4）撰写一份校级规模的电子竞技赛事策划书。

模块 4 | **电子竞技赛事赞助招商**

项目1
电子竞技赛事赞助招商概述

知识目标

（1）了解电子竞技赛事赞助与招商的概念

（2）了解电子竞技赛事招商的流程

（3）了解电子竞技赛事赞助招商的原则

开篇案例

小张作为一家电竞公司的招商项目负责人，具有丰富的招商经验。一天他接到一个大型电竞赛事的招商任务，他按照招商筹备、招商洽谈、赞助执行、评估总结的流程完美地完成了这一任务，受到公司领导的嘉奖。刚毕业的小李向他求教经验，小张便开始向小李传授如下知识和经验。

课前导读

体育赞助的历史

体育赞助已经有两千余年的历史。最早的体育赞助出现在公元前776年的首届古代奥林匹亚运动会中，各城邦一些富有的贵族和官员期望以提供资金支持运动会的方式，来提高他们城邦的知名度。这种赞助是以个人名义的体育资助。

现代意义上的体育赛事赞助被认为源于19世纪中叶。1852年，美国一家铁路运输公司向哈佛大学和耶鲁大学的划船队提供了免费运送的赞助，通过宣传此事，吸引了上千名观众乘坐该公司的火车前往观看比赛。1861年，两名奥地利商人庞德和皮尔斯赞助了英国板球队去往澳洲比赛，通过比赛宣传公司，最终获利颇丰。直到1896年，第一届现代奥运会在雅典举行，获得了柯达等公司的支持，开始出现可用于实现投资和回报的体育赞助，这种赞助是以企业赞助的形式，体现商业利益的真正意义上的体育赞助。1928年，阿姆斯特丹奥运会上，可口可乐公司首次给美国奥运代表团赠送了1000箱软饮料，并对外宣称是"奥运会指定供应商"。20世纪初，吉列公司发现赞助拳击比赛可以提高剃须刀的销量[①]。

到了1984年，时任洛杉矶奥组委主席的商界奇才彼得·尤伯罗斯以完全商业化的形式举办奥运会，不仅限制赞助商的数量，而且只在每种类型的企业中选择一家一流的超级企业作为赞助商，同时规定赞助费不低于400万美元。此举大大加深了同类公司之间的竞争，可口可乐饮料公司以1260万美元击败了百事可乐公司，日本的富士胶卷公司以700万美元取代了柯达公司获得了赞助权。最终，奥运会盈利2.25亿美元，体育赞助所蕴含的商

---

① 张贵敏.体育市场营销学[M].上海：复旦大学出版社，2006：303.

业潜力被释放[①]。

在这次体育赞助背景下，国际奥委会著名的奥林匹克全球合作伙伴计划（Olympic Partner Programme, TOP）于1985年应运而生。它是指选择世界各行业内最著名的公司作为国际奥委会的正式赞助商，通过向国际奥委会、奥运会组委会和202个国家奥委会供应资金、企业产品、技术和服务来支持和发展奥林匹克运动的全过程。加入该计划的企业可以取得使用奥林匹克知识产权、开展与奥林匹克相关的市场营销等权益。TOP计划是目前国际体育市场开发最成功的项目，联想是最早加入该计划的中国公司。

如今体育赞助已经成为树立企业社会形象的重要途径之一。

◎ 任务1 电子竞技赛事赞助与招商的概念

▮ 任务目标

（1）了解赛事赞助与赛事招商的概念和区别
（2）了解电子竞技赛事赞助招商的概念

▮ 任务描述

赞助和招商的概念容易被混淆，使人产生困惑。事实上它们之间既有区别又有联系，明白它们的概念，是学习本模块的第一步。

1.1 电子竞技赛事赞助

赞助的原意是"支持"和"协助"，狭义上指某一个人或组织以捐赠的形式，向某一活动或团体提供物质、资金、技术与服务等帮助的具有贡献性、公益性的社会行为。这种行为的目的在于赞助者为改善社会环境或寻求社会价值。然而随着市场经济发展，赞助开始有了更广泛的含义，并逐渐成为一种常见的商业手段。市场主体开始利用赞助来获得超额的回报，而不是简单的捐赠。赞助的目的有：追求新闻效应，扩大社会影响；增强广告效果，提高经济效益；联络公众感情，改善社会关系；提高社会效益，树立良好形象[②]。

电子竞技赛事赞助指的是赞助方通过在电子竞技赛事中投入各种有形和无形的资源，用以换取冠名、广告、促销等权利，从而获得直接或间接利益的行为。电子竞技赛事赞助是赛事举办方在赛事活动运营中主要的资金来源之一。

1.2 电子竞技赛事招商

广义来讲，赛事招商与赛事赞助具有同等的含义，在方式、流程、要点乃至撰写方案和具

---

① 代刚.体育商业运作模式的历史、形式及其作用探析——以体育商业赞助为研究对象[J].商业时代,2012(28):128—129.
② 陶应虎,顾晓燕.公共关系原理与实务[M].北京:清华大学出版社,2006.

体操作实施上,具有相似的内容。细微差别在于招商主体是赛事运营管理者,赞助主体是赛事赞助者,同时赛事招商更强调合作关系,讲求赞助方和被赞助方在某一项活动上相互配合,为获得各自利益而付诸行动。赞助更强调资源的交换,赞助方提供给被赞助方各种资源,被赞助方则给赞助方提供宣传、促销的渠道与平台。本书将电竞赛事赞助和招商进行合并描述。

根据赛事招商的概念,电子竞技赛事招商指电子竞技赛事运营管理部门为获得企业发展或赛事举办所需的物质、资金、技术与服务而招揽合作伙伴的商务活动。

扩展阅读

电子竞技赛事赞助大事件

1972 年,《滚石》杂志作者斯图尔特·布兰德(Stewart Brand)组织了有公开记录的首届电子竞技赛事"泛银河系太空大战奥运会"(The Intergalactic Spacewar Olympics),获胜者将获得他提供的一年份《滚石》杂志。由此电子竞技赛事赞助的序幕被拉开了。到了 2000 年,韩国三星电子以"奥林匹克运动会模式"赞助了史上第一个电子竞技运动会——"世界电子竞技大赛"[World Cyber Games(WCG)]。三星把品牌文化渗入 WCG,实现了赛事和企业双赢的局面。2015 年,可口可乐公司推出的品牌雪碧赞助了"英雄联盟职业联赛(LPL)",电子竞技赛事赞助商逐渐脱离垂直产业限制,向所有企业敞开了怀抱。

当今赞助商对于电子竞技赛事乃至电子竞技产业发展,已然发挥着举足轻重的作用。荷兰市场研究公司 Newzoo 公布的《全球电子竞技市场报告》中指出,2017 年世界电子竞技产业的总收入达到 5.16 亿美元,其中赞助费收入达到 2.66 亿美元,广告和媒体转播权收入分别为 1.55 亿美元和 0.95 亿美元,赞助商的作用可见一斑。

◎ 任务 2　电子竞技赛事赞助招商的流程

任务目标

(1) 了解电子竞技赛事招商四个阶段的工作内容

(2) 理解电子竞技赛事招商四个阶段之间的联系

任务描述

赛事招商流程分为招商筹备、招商洽谈、赞助执行、评估总结四个阶段,明白四阶段之间的联系,是本任务学习的重点。

赛事赞助招商主要分为四个阶段,即招商筹备、招商洽谈、赞助执行、评估总结,如图 4.1 所示。

在招商筹备阶段首先需对自身进行定位,明确自身具备的资源、招商目的和任务,然后收集目标赞助商的资料并撰写招商计划,最后根据掌握的资料撰写赞助方案。

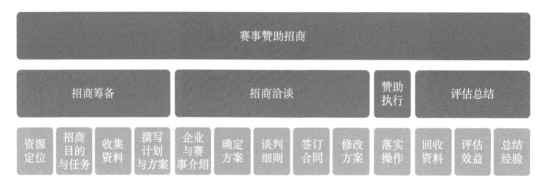

图 4.1　电子竞技赛事赞助招商流程

招商洽谈阶段的工作内容主要包括电竞企业和赛事情况介绍,赞助方案的讲解,执行谈判细则,根据赞助商要求评估、修改赞助方案,最终签订合同。

赞助执行是对赞助方案进行具体落实操作,双方根据合同履行相应职责。

评估总结主要是回收相关资料数据,评估本次赞助的双方效益,目标达成情况,以便汲取经验改进下一次招商项目。

○ 任务 3　电子竞技赛事赞助招商的原则

任务目标

(1)了解电子竞技赛事赞助招商原则的具体内容

(2)了解电子竞技赛事赞助招商的原则是基于什么样的本质

任务描述

赛事赞助招商本质上是利益交换行为,在交换过程中要了解并遵守相应原则,才能确保顺利形成合作。

取得各自利益是合作的基础,在资源交换过程中需极力实现双赢,才能保证达成合作目标,实现电竞业态的健康发展。在赞助招商过程中需遵循以下原则。

3.1　目标一致性原则

目标一致性可分为横向和纵向的目标一致性。横向指赛事方与赞助方要在宏观目标上达成共识,并为实现目标共同作出努力,如:保证比赛顺利进行、提高赛事知名度等。纵向指长短期目标、高低层目标等之间不存在矛盾的特性,赛事方与赞助方的行动都是围绕实现赛事目的和赞助目的进行的。

3.2　同理心原则

　　赛事方与赞助方是合作的关系,地位是平等的。在合作过程中如双方发生分歧,应换位思考对方的利益诉求,通过及时沟通和适当让步达成共识,促进赛事和赞助项目的顺利进行,最终取得相应利益。

3.3　有效沟通原则

　　赛事赞助项目是一个长久、涉及多项事务和多个部门的活动,在这个过程当中,会遇到许多需赛事方和赞助方商讨的问题。这不仅要求双方在必要问题上及时沟通,也要求双方明确各部门人员职责,在沟通过程中把握关键点,提高沟通效率,及时解决问题,保障比赛顺利进行。这一原则对赛事方尤为重要,因为一般来讲电竞企业的部门和职能分工不如传统行业企业详细,往往是一个部门或个人身兼数职,这就要求赛事方做好职能安排,避免出现与赞助方的对接空当。

3.4　互利共赢原则

　　赛事方与赞助方在某种层面上是利益共同体,除了各自牟利也应相互强化对方的品牌价值。只有精诚合作、互惠互利,才能使比赛顺利进行,并实现品牌效应最大化。

　　　　如果你应聘一家电竞公司的商务部门,从事招商工作,面试官让你简要谈谈对赞助招商的看法,你会如何回答?

项目 2
电子竞技赛事赞助招商项目评估

知识目标

(1) 了解电子竞技赛事赞助招商项目评估的内容

(2) 了解电子竞技赛事赞助招商项目评估内容之间的联系

开篇案例

公司近期正策划一场大型电竞赛事,在商务部工作的小张被派予赞助招商项目评估的任务。小张运用专业的知识,先明确了招商目标,然后对各种比赛环境进行分析,并确定了赞助资源和商户权益,最后确定了目标赞助商和招商方式。细致的评估为撰写高质量的赞助方案提供了保障,促进了招商赞助活动的顺利进行。

◎ 任务 1 目标定位和环境分析

任务目标

(1) 了解电子竞技赛事项目评估目标定位的内容

(2) 了解电子竞技赛事项目评估环境分析的内容

任务描述

赛事赞助招商目标有多种分类,是一切赞助招商活动的准则。而环境分析的对象十分宽泛,往往需要丰富的专业知识并付出很大的工作量。

1.1 目标定位

在制定赞助招商计划之前,要明确赞助招商目标,所有的计划都应围绕实现赞助招商目标来进行。目标主要是资源目标和节点目标,即要取得的物料、资金、技术、场地、人力等资源的数量以及招商任务完成的时间。更进一步来讲,赞助招商目标定位也是围绕赛事目标来进行的,一切计划和目标的制定都以实现赛事目标为准则。

1.2 环境分析

目标定位之后需对整个经济文化环境以及业态环境进行调查分析。调查分析的内容包括宏观政策、经济发展水平、竞争者情况、赛事观众特征等,只有对环境进行整体了解,才能保证招商计划与方案的针对性和科学性,实现招商目标乃至赛事目标。

○ 任务 2　赞助资源定位

任务目标

（1）了解电子竞技赛事赞助资源的概念

（2）了解电子竞技赛事赞助资源定位的内容

任务描述

电子竞技赛事赞助资源有哪些分类？这些分类又具体指哪些内容？本任务主要回答这两个问题。

电子竞技赛事赞助资源指赛事方拥有的，通过与赞助方交易，可以给赛事方带来赞助，给赞助方带来赞助效益的有形和无形资产的总称。对于赛事方而言，在寻求赞助之前需对自身赞助资源进行盘点分析，并尽可能挖掘潜在的资源，以寻求尽可能多的赞助。

2.1　空间与物质载体

空间指比赛的场地和场馆，物质载体包括比赛所用器具、门票、纪念品和相关人员的服饰等。空间和物质载体可以分割成不同的部分，以寻求不同的赞助商。如比赛场地可以分为场内和场外，场内可以细分为解说台、主舞台地面、主舞台等；参赛者服饰可以细分为胸前、背后区域等。不同部分由于宣传效果不同，所拥有的广告价值不同，赞助费用也不同。不同类型的资源可以进行组合，如运动员服装和场内广告的组合。

2.2　举办时间

电子竞技赛事和其他体育赛事一样，可以包括预选赛、小组赛、半决赛、决赛等。因此可以将不同时段的赛事进行划分，将赞助权出售给不同的赞助商，也可以将不同时段的赛事赞助权组合起来打包销售给赞助商。

2.3　举办地区

为了获得更大的影响力和关注度，比赛地点可能会发生变化。在不同地区举办不同阶段的赛事，会更容易获得当地企业或组织的赞助。

2.4　赛事相关活动

除了核心的竞赛活动可进行赞助外，还可以从赛前、赛中、赛后等一系列相关活动选取赞助项目进行招商。例如赛前的开幕式活动、赛中的颁奖活动、庆祝酒会和赛后的记者会等。

2.5 供应

举办比赛需要供应器材等物资以及住宿、公关宣传等服务，相关企业或组织可以通过提供物资与服务来进行赞助，如直接赞助电脑、键盘、鼠标、耳机等比赛需要的外设部件。

2.6 其他无形的属性资源

这类资源是指赛事的资质、历史、影响力、身份、地位及品牌价值等。赞助商可以利用这些属性作为杠杆来促销产品，推广品牌或扩大影响力。

2.7 沟通

赛事需要依靠互联网进行传播，企业或组织可以对赛事的官网、直播和回放的过程进行赞助。

○ 任务 3　商户权益定位

任务目标

了解商户具有哪些权益类型，以及这些权益类型具体包括哪些内容

任务描述

商户获得权益是其选择赞助赛事的根本原因。请你想出一种具体的权益内容，想一想这个内容属于什么类型的权益。

3.1 冠名权

冠名权指赞助商为宣传、介绍自己，取得用自身商标或品牌为电竞赛事活动命名的权利。冠名权通常具有唯一性和时效性，超过一定期限后赛事方将重新寻找冠名商。

3.2 品牌露出权

赞助商可以在整个电竞赛事活动过程中以商标、标语、视频等形式向现场和线上观众进行品牌露出，展现企业、品牌或产品。品牌露出形式有海报呈现、易拉宝呈现、比赛服商标呈现、主持人播报、电子屏广告播放等。品牌露出方式的挖掘要力求全面，尽可能挖掘潜在的品牌露出载体，以寻求更多的赞助。

3.3 产品展示权

产品展示权指在电竞赛事活动期间，在赛事活动区域陈列或售卖自身产品，给各赛事参

与者直接体验,以宣传企业、品牌或产品的权利。例如:饮品赞助商可以在比赛桌、解说台放置自己的饮品,一些电脑设备公司会在比赛场馆出入口设置产品展示台,提供给观众参观、解说、实际操作体验与购买等服务。

3.4 无形资产使用权

无形资产使用权指在赛事活动过程中使用赛事 LOGO、称谓、口号、主题曲、运动队名称等没有实体的非货币资产的权利。赞助商善用无形资产,可以起到有效的企业、品牌和产品的推广作用。

3.5 接待权

接待权益包括食宿、赛事贵宾观看席、交通接送、门票和入场证件等。

3.6 其他权益

其他与赞助商约定的权益,如:举办推广活动,让参赛明星助演赞助商商业活动等。

○ 任务 4 赞助商的选择

任务目标

了解电子竞技赛事选择赞助商的五种因素

任务描述

本任务学习如何选择电子竞技赛事赞助商,想一想选择好的赞助商将带来什么益处?

赞助招商是一个双向选择的活动,赛事方要想充分利用赞助资源并实现最大招商效益,使赞助活动更顺利进行,就要选择合适的赞助商,实现与赞助商的一致性和匹配性。选择合适的赞助商可从赞助商资质、保障、价格、品牌和推广五个因素考虑。

4.1 资质因素

寻找赞助商首先要考虑其是否有实力进行赞助,以此来缩小目标赞助商的寻找范围。另外应从社会价值和企业发展角度考虑,剔除有悖于赛事目标、企业理念的赞助商,如烟草公司、博彩公司、酒精饮料公司和竞争者等。[国外 OWL(守望先锋联赛)等国际联赛是允许博彩公司赞助的,哈尔滨啤酒也是 LPL(英雄联盟职业联赛)的赞助商之一。]

4.2 保障因素

赞助商提供的产品、技术和服务应当充足并质量可靠,确保赛事可以顺利进行。在电竞赛事中,尤其是要对赞助商可提供的计算机器材的质量进行严格把控。

4.3 价格因素

寻求赞助的目的就是为了寻求利益,在多个符合赞助条件的赞助商中,应当选择出价高的一方。

4.4 品牌因素

接受赞助则意味着赛事方品牌和赞助方品牌产生了关联,赞助方良好的品牌形象有利于提升赛事的正面形象,反之将对赛事品牌产生不利影响。同时在品牌方面应考虑消费人群吻合的问题,即赛事方和赞助方应尽可能地有相同的受众群体,才能最大程度推广赛事并使赞助商获得更大的赞助回报。对于赞助方而言,目标群体对体育赛事和赞助商印象一致是赞助营销成功的关键,换言之赞助方与赛事方品牌同时具有良好形象,才能产生好的赞助效益。

4.5 推广因素

从赛事营销方面考虑,如果选择推广能力强,并有针对本次赛事产品或企业的营销活动,就能够进一步扩大赛事的影响力。

○ 任务 5 招商方式的选择

任务目标

（1）了解电子竞技赛事招商方式的种类

（2）明白电子竞技赛事各种招商方式的优缺点

任务描述

不同的招商方式有不同的特点,想一想如果让你进行招商,你会选择哪些招商方式?

电竞赛事招商是一种营销行为,其方式和一般的产品营销方式类似,包括线上和线下两大类,一次赛事往往需要运用多种招商方式,主要包括以下几种方式:

5.1 商务型招商

商务型招商又名关系型招商,指电竞企业向关系好的个人或组织（通常为曾经或正在合作的合作伙伴）寻求赞助。一般赞助机会应当优先考虑给予合作伙伴,以维持双方稳定的合作关系。然而商务关系是以共同利益为纽带的,具有很强的时效性,因而电竞企业应积极寻找更多更合适的合作方,争取合作效益最大化,同时防止与一方取消合作而带来损失。

5.2　渠道型招商

渠道型招商指电竞企业通过中间商招募赞助商,这里的中间商就是渠道,即赞助方案从电竞企业向赞助者移动时,帮助其转移的所有企业或个人。选择合适的渠道对于传达赞助方案,并最终获得赞助十分重要,选择渠道需考虑渠道的市场范围、渠道的经营能力、渠道的服务水平等因素,并根据这些因素确定合作程度。

5.3　互联网招商

互联网招商指电竞企业以互联网为工具,借助于互联网特性来招募赞助商的一种销售方式。互联网招商的优点是宣传面广,同时节约人力资源成本。进行互联网招商需要找准四大定位,即:

(1)赞助方案特点定位:明确赞助方案的核心竞争力是什么,也就是通常所说的卖点,能够带给赞助商什么收益。

(2)赞助者定位:明确目标赞助者,对赞助者群体的情况进行分析。

(3)企业市场定位:了解企业在市场上占据的地位以及竞争对手情况。

(4)网络宣传方法定位:根据赞助方案的卖点、赞助商群体、竞争对手以及市场特点,选择适合企业的网络销售方式。

5.4　会议招商

会议招商是电竞企业以会议的形式,运用营销学的原理、方法,开展营销活动的招募赞助商的方式。会议招商首先需寻找特定的目标赞助商,通过在会议中介绍赛事情况和赞助方案,使赞助商了解合作方式、赞助收益等内容,尽力提高赞助商的满意度和忠诚度,最终达成合作并建立长久的关系。会议招商具有针对性强、文化性强、有效性强、战略性强、主题明确等特点。

5.5　广告招商

广告招商指电竞企业通过广告对赛事和招商意向进行宣传推广,提高企业和赛事的知名度、美誉度和影响力,吸引赞助商的招募活动。广告招商也可分为线上和线下两大类,线下指传统媒体,如报纸、海报等,线上指新媒体,指利用数字技术,通过互联网、无线通信网、卫星等途径,在计算机、手机、数字电视机等端口,向目标群体提供信息和服务的传播形态。随着经济全球化和新媒体的快速发展,广告营销的作用越来越重要。新媒体下的广告招商有形式多样、目标广泛、个性化强、发布快速便捷的特点。

5.6 电话招商

电话招商是指电竞企业利用电话来联系目标赞助商,告知他们赛事信息和赞助方案的招募方式。这种方式方便快捷,节约时间和人力,缺点是电话沟通效率和招募成功率较低,所以事先做好准备工作(如正确自身定位和了解赞助商信息)至关重要。电话招商后往往需要进行实地招商。

5.7 实地招商

实地招商指电竞企业直接前往目标赞助商所在地,与目标赞助商进行面对面沟通,说明赛事情况,展示赞助方案,以寻求赞助的招募方式。实地招商可以增加沟通效率,便于电竞企业详细地向赞助商介绍赛事与赞助情况。实地招商往往是电话招商的后续,缺点是需提前了解赞助商情况,有时还需要提前预约见面时间,消耗较大的人力资源。

实战训练 公司主管招商的领导最近要撰写一份赞助招商方案,让你先做一些前期工作,对赞助招商项目进行评估,你会怎么做,重点从哪几点进行分析?

项目 3
电子竞技赛事赞助招商方案

知识目标

(1) 了解电子竞技赞助招商的赛事说明

(2) 了解电子竞技赞助招商的资源推广内容

(3) 了解电子竞技赞助招商的合作方式

开篇案例

小张身为电竞公司商务部职员,接手了撰写某电竞赛事赞助招商方案的任务。他通过前期的大量准备,决定将招商方案分为赛事说明、资源推广和合作方式三个模块,你认为可行吗? 结合实际经历说出你的观点。

电竞赞助招商方案是指为了获取赞助商的资助而拟定的文件。招商方案需要为赞助商解答问题,即设想赞助商需要知道什么,就在相应的方案板块里呈现答案。招商方案可以分为两种,一种是一般版,针对大多数赞助商,另外一种是定制版,即根据特定赞助商的需求来设计方案。本项目主要介绍一般版本的招商方案,包括赛事说明、赞助合作方式和商户权益。接下来以 2018 年游戏风云-G 联赛为案例展开对电竞赛事赞助招商方案的介绍。

◎ 任务 1　赛事说明

任务目标

(1) 了解电子竞技赛事品牌介绍

(2) 了解电子竞技赛事回顾

(3) 了解电子竞技赛事商业价值

任务描述

赛事说明的内容较为宽泛,本任务节选 2018 年游戏风云-G 联赛的赞助方案的赛事说明进行讨论。

赛事说明包括赛事品牌介绍、以往赛事回顾、赛事商业价值等。

1.1　赛事品牌介绍

对赛事品牌进行介绍,能提高赞助商的信任度。2004 年,上海文化广播影视集团

(Shanghai Media Group)旗下的游戏风云频道正式成立,这是切入游戏产业运营的首个电视媒体,主办制作了中国第一个电子竞技联赛——G-League(G联赛)。在 2018 年 G 联赛赛事招商方案的公司背景页中,分别对品牌的成立历史、用户数量、赛事地位、电视传播和赛事经验进行了介绍。如图 4.2 所示。

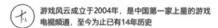
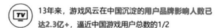
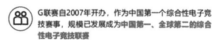
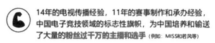

图 4.2　2018 游戏风云-G 联赛赞助方案公司背景介绍

在进行赛事品牌介绍时,尤其要重视突出品牌优势。在 2018 年 G 联赛招商方案中,主要从历史、资源、用户、专业度等角度体现品牌优势,如图 4.3、图 4.4 所示。

图 4.3　2018 游戏风云-G 联赛招商方案品牌优势介绍 1

图 4.4　2018 游戏风云 - G 联赛招商方案品牌优势介绍 2

1.2　赛事回顾

赛事回顾是招商方案的重要内容,通过对以往赛事的回顾,赞助商可以了解赛事的规模和影响力。如果是首次举办这项赛事,可以介绍主办方以往举办的赛事情况。如 2018 年 G 联赛赞助方案中对 2017 年的赛事回顾内容:2017 年 G 联赛现场参与人数突破 5 000 人,线上直转播累计观看人数达到 5 000 万,610 家媒体累计发稿 7 800 余篇,独有电视、OTT、户外硬广在赛事期间覆盖用户超 2 亿人,并以逐年递增的趋势拉大与追赶者的距离。

1.3　商业价值

商业价值是招商方案必不可少的部分,是整个招商方案的核心。一份招商方案要尽可能体现赛事商业价值,才能吸引赞助商。2018 年 G 联赛招商方案赛事商业价值从电竞产业、电竞行业竞品、G 联赛自身三个维度,由浅入深地展示了 G 联赛的商业价值。

在电竞产业的描述中,将单场电竞赛事观众数和 NBA 单场赛事观众数进行对比,说明庞大的电竞受众人口,体现电竞赛事商业广告价值,吸引赞助商兴趣。

在电竞行业竞品的描述中,将 G 联赛和知名电竞赛事 LPL 联赛进行对比,体现 G 联赛巨大的独特商业价值,突出 G 联赛良好的商业形象。

在对 G 联赛自身的具体描述中,阐述了赛事用户群体的年龄结构、收入水平、收入结构等信息,突出 G 联赛用户是广告覆盖内的高价值用户,更直观地体现 G 联赛的广告商业价值,同时促使赞助商将自身企业用户与 G 联赛用户进行匹配。

图 4.5　2018 游戏风云- G 联赛赞助方案商业价值介绍 1

图 4.6　2018 游戏风云- G 联赛赞助方案商业价值介绍 2

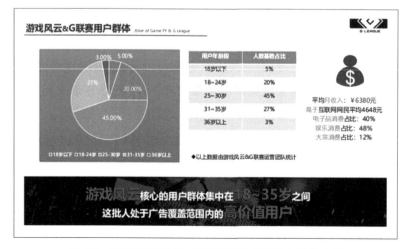

图 4.7　2018 游戏风云- G 联赛赞助方案用户群体介绍

◎ 任务 2 推广资源

任务目标

了解电子竞技赛事推广资源的类别

任务描述

电子竞技赛事推广资源的类别有很多,有些类别是隐性的,需要通过深入分析来挖掘。本任务通过对 2018 年游戏风云-G 联赛赞助方案的分析,直观展示了各式推广资源。

推广资源即赛事主办方利用赛事相关资源为赞助商进行宣传推广的方式或载体。推广资源的介绍是对商业价值的进一步说明,体现商业价值的真实性和具体实现方式。在进行推广资源的介绍之前,可以对赛程安排、比赛类目、奖金方案等赛事重要信息进行简单介绍,以形成对推广资源介绍的铺垫。

推广资源的介绍要尽可能详细地用量化的数据表示,体现出资源的真实性、可靠性。2018 年 G 联赛的推广资源主要包括:

2.1 游戏内资源

G 联赛在对游戏内资源的介绍中,介绍了 G 联赛在英雄联盟、王者荣耀等游戏中三个月内的曝光数据,具体直观地体现了 G 联赛在各游戏用户中的知名度。

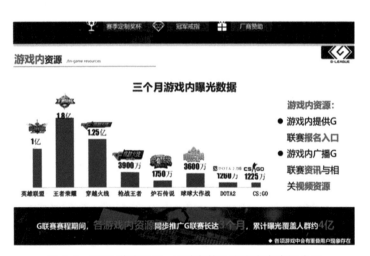

图 4.8 2018 游戏风云-G 联赛赞助方案赛事资源介绍

2.2 独家资源

推广资源中,独家资源极其重要。拥有丰富的独家资源,才可以与竞争者形成鲜明对比,形成竞争优势。如图 4.9 所示,G 联赛有独家自有上星电视台,覆盖人群众多,2018 年超过 2.5 亿人,这无疑对赞助商来说具有强大诱惑力。除此之外,在 G 联赛招商方案中,还体现了自有移动广告、自有户外广告等独家资源。

图 4.9　2018 游戏风云-G 联赛赞助方案独家资源介绍

2.3　视频资源

视频资源是电子竞技赛事重要的推广资源,2018 年 G 联赛在爱奇艺、虎牙直播等多家知名视频网站登录,覆盖人群超过了 7 000 万人,显示出了强大的视频推广能力。

图 4.10　2018 游戏风云-G 联赛赞助方案视频资源介绍

2.4　明星资源

体育赛事的举办时常邀请娱乐明星参与宣传、表演和站台等,达到吸引观众、推广赛事的目的。电子竞技赛事的受众群体以年轻人居多，所以邀请年轻人喜爱的明星参与电竞赛事的系列活动，可以起到很强的赛事推广作用。2018 年 G 联赛在招商方案里写明了女子偶像组合 AKB48 是本次比赛的形象代言人，著名主持人华少将作为总决赛嘉宾主持，起到了很好的吸引眼球的作用。

图 4.11　2018 游戏风云–G 联赛赞助方案明星资源介绍

2.5　主播资源和内部解说资源

好的游戏主播和游戏解说可以提高赛事直播曝光量，加大赛事覆盖面，尤其是一些著名主播将对赛事的观众数产生非常重要的影响。在 2018 年 G 联赛招商方案中，罗列了一大批将会参与赛事的粉丝众多的主播和内部解说，显示出丰富的直播和内部解说资源。

图 4.12　2018 游戏风云–G 联赛赞助方案主播资源介绍

图 4.13　2018 游戏风云‑G 联赛赞助方案内部解说资源介绍

新闻媒体资源

　　任何一场大型体育赛事都离不开新闻媒体的报道。2018 年 G 联赛的报道媒体除了有腾讯游戏、网易游戏等知名游戏公司,还有《中国体育报》、人民网等体育类或综合类媒体,这对赛事、赞助商及其产品的推广起到了十分重要的作用。将这些新闻媒体资源作为赛事招商方案的一部分,无疑可以作为招商谈判的重要筹码。

图 4.14　2018 游戏风云‑G 联赛赞助方案媒体资源介绍

2.7 **其他资源**

　　其他资源包括其他任何可以对赛事和赞助商起到推广作用的资源。如 2018 年 G 联赛就有百度贴吧资源、Wi-Fi 钥匙资源等。

图 4.15　2018 游戏风云–G 联赛赞助方案百度贴吧资源介绍

图 4.16　2018 游戏风云–G 联赛赞助方案 WIFI 钥匙资源介绍

○ 任务 3　合作方式

任务目标

了解电子竞技赛事赞助商的分类层级

任务描述

电子竞技赛事赞助商分类层级可根据具体情况进行划分,本任务以 2018 年 G 联赛作为案例,进行深入讨论。

3.1　其他赛事的合作案例

在阐述本次赛事的合作模式前,可以先介绍其他赛事的合作案例,用以突出本次赛事的独特商业价值。如 2018 年 G 联赛的招商方案中,在提出合作模式前就先阐述了 LPL 和

KPL 的招商合作模式,用以凸显自身强大的商业价值优势。

图 4.17　2018 游戏风云-G 联赛赞助方案竞品分析

3.2　本赛事的合作案例

讲解本赛事合作案例,可以展示赛事品牌实力,同时获得赞助商的信任感。

图 4.18　2018 游戏风云-G 联赛赞助方案赛事合作案例介绍

3.3　赞助商分层

主办方需要对赞助商进行分层,每一层次需要的赞助费用不同,获得的权益也不同。如图 4.19 所示,2018 年 G 联赛将合作方式分为 S、A、B 等级别,对标不同的赞助费用和赞助权益。S 级别是独家赞助,所需费用为 4 800 万元;A 级别可以有 1~2 个赞助商,赞助费用为 2 400 万元;B 级赞助商有 3~5 家赞助商,赞助费用是 900 万元。此外针对游戏合作厂商,收

图 4.19　2018 游戏风云-G 联赛赞助方案赞助商等级介绍

取 900 万元赞助费,提供 B 级权益。

3.4　赞助商回报

任何赞助商回报应尽量量身定制,以产生最大的赞助效益。不同级别的赞助商付出的赞助费用不同,获取的赞助回报也不同。以 G 联赛 S 级赞助商回报为例,其回报主要包括以下几类:

① 主持人解说口播

② 定制宣传片/赛事包装

③ SMG 旗下的电视频道主题宣传片轮播

④ 电视直播贴片硬广投放

⑤ 产品植入

产品植入包括大型产品直播 AR 展示、产品实物展示、决赛产品展示、专属产品体验区、专属电竞宝贝等,如图 4.20 所示。

图 4.20　2018 游戏风云-G 联赛赞助方案赞助商回报介绍

3.5　全部赛事权益

除了具体层级的赛事回报,赞助方案里还应写明可提供的各项赛事权益,便于赞助商根据展示类别、回报项目和项目价格等信息对号入座,选择合适的赞助层级。如表 4.1～表 4.3,2018 年 G 联赛将赞助商赛事权益分成了赛事权益、现场权益和传播权益。

表 4.1 2018 游戏风云—G 联赛赞助方案赛事权益

权益类型	展示类别	回报项目	形式	展示频次/频率	展示量	权益价值	备注
赛事权益	赛事LOGO权益	指定冠名	赛事前指定冠名品牌、品牌赛事组合LOGO	赛事全程	所有赛事直播包装及物料展示组合LOGO	200万	1. 除节目表外,现场物料均带有组合LOGO 2. 如使用到户外广告资源,SMG资源部分户外广告须使用单独G联赛LOGO,无法使用赞助商LOGO。露出权益改为给到产品特写(遮LOGO)
		开场赞助商介绍	赞助商 slogan 结合赛事,赞助商福利。10秒	赛事直播日开场及结束,共两次	20 个电视直播日,共 40 次	300 万	
		贴片硬广	直播前/中 30秒 TVC	3 次直播日	20 个电视直播日,共 60 次	350 万	
		主持人商业口播	"冠名品牌＋G 联赛"＋赞助商鸣谢	2 次/直播日	20 个电视直播日,共 60 次	50 万	
		解说口播	"冠名品牌＋G 联赛"＋赞助商鸣谢	6 次/直播日	20 个电视直播日,共 120 次	100 万	
	赛事直播包装	解说席前挡板	品牌 LOGO 露出,解说台产品露出	解说席全画面	20 个电视直播日	180 万	预计每个电视直播日露出 6 次,每次 1 分钟
		《G 联赛》宣传片	赛事整体 LOGO 结合冠名品牌+冠名赞助商产品特写,时长 1 分钟	赛事全程:游戏风云频道每日 3 次播放,SiTV 频道配合每周 5 次播放,(SiTV 频道选一),SMG 五星体育频道每周一次	游戏风云频道累计播放 2 160 次,SiTV 频道配合播放 80 次,SMG 频道配合播放 16 次	1000 万	游戏风云频道,SiTV 频道(如极速汽车频道)、SMG 频道(如五星体育)
		动态角标	品牌 LOGO 展示	直播日游戏画面全过程	共 20 个直播日	500 万	

表 4.2　2018 游戏风云–G 联赛赞助方案现场权益

权益类型	展示类别	回报项目	形式	展示频次/频率	展示量	权益价值	备注
现场权益	总决赛现场物料兼现场直播露出	现场产品展示区	冠名赞助商现场区域产品展示	总决赛现场全程	线下赛事每日展示	1 000 万	除现场展示外、直播画面同时展出
		工作证、选手证	优先冠名赞助商标识	总决赛现场全程	线下赛事每日展示	35 万	
		舞台	舞台中央地贴露出	总决赛现场全程	线下赛事每日展示	80 万	
		选手房	选手对战背景墙优先露出	总决赛现场全程	线下赛事每日展示	100 万	
		总决赛现场直播 AR	直播冠名赞助商产品 AR	直播中现场固定机位 AR 展示	线下赛事每日展示	500 万	
		奖牌	优先冠名赞助商标识	总决赛现场全程	线下赛事每日展示	35 万	
		易拉宝	冠名赞助商品牌易拉宝	总决赛现场全程	线下赛事每日展示	25 万	
		现场观众互动	厂商提供礼品	现场互动环节	线下赛事每日展示		
		选手赠礼	厂商提供礼品	现场互动环节	线下赛事每日展示		
		媒体礼遇赠礼	厂商提供礼品	现场互动环节	线下赛事每日展示		
		媒体、拍照等背景墙	LOGO 露出	总决赛现场全程	线下赛事每日展示	25 万	
		传单派发	传单冠名赞助商优先露出	落地赛全程	线下赛事每日展示	25 万	
		冠名赞助商宝贝	冠名赞助商宝贝穿戴有品牌 LOGO 的着装,配合现场赞助商产品进行展示以及参与舞台颁奖环节	总决赛现场全程	线下赛事每日展示	20 万	除现场展示外、直播画面同时展出
		户外品牌宣传直播主播	直播订阅粉丝 30 万以上的美女主播对赞助商进行品牌宣传	总决赛现场全程	线下赛事每日展示	40 万	

表 4.3　2018 游戏风云–G 联赛赞助方案传播权益

权益类型	展示类别	回报项目	形式	展示频次/频率	展示量	权益价值	备注
传播权益	游戏风云内部资源	游戏风云官网	PR 稿件带有赞助商 LOGO 及简介	预计 20 篇稿件	20 篇/赛季	10 万	
		游戏风云 APP	PR 稿件带有赞助商 LOGO 及简介	预计 20 篇稿件	20 篇/赛季	10 万	
		游戏风云微博微信	PR 稿件带有赞助商 LOGO 及简介	预计 20 篇稿件	20 篇/赛季	10 万	
	移动电视	《风云时刻》G 联赛报道	新闻报道中带有冠名赞助商 LOGO 及产品	每日 6 次	15 次/赛季	240 万	
	游戏媒体	专业游戏、电竞类媒体	PR 稿件带有赞助商 LOGO 露出、覆盖 30+ 家直接合作媒体	预计 20 篇稿件	600 篇/赛季	120 万	详情见网络传播 tab
	直播平台	赛事直播同步推送直播平台	赛事直播包装权益展示	20 个直播日	6 个直播平台累计 120 场次直播	200 万	详情见网络传播 tab

实战训练

请你选择一个近期已经举办的电竞赛事,写一份完整的招商赞助方案。

项目 4
电子竞技赛事赞助招商洽谈

知识目标

（1）了解电子竞技赛事赞助招商洽谈需要的资料

（2）了解电子竞技赛事赞助招商洽谈人员需具备的素质

（3）了解电子竞技赛事赞助招商的要点

开篇案例

在某项电竞赛事中，小张被派去与赞助商进行赞助洽谈。因为他在工作中积累了较丰富的谈判经验，平时也积极学习经济、心理和法律方面的知识，所以他对这次洽谈信心十足。在洽谈前他详细搜集了本公司和目标赞助商的信息，也准备了详细的洽谈资料，最终这次招商洽谈大获成功。

任务 1　洽谈资料和人员

任务目标

（1）了解电子竞技赛事招商洽谈需准备哪些资料

（2）了解电子竞技赛事招商洽谈涉及的知识领域及洽谈人员需具备的能力素质

任务描述

本任务学习招商洽谈需要哪些资料。事实上根据具体情况需准备的洽谈资料还远不止本书提及的内容，想一想，在实际招商洽谈过程中可能还需要哪些资料？想一想电子竞技赛事招商洽谈还涉及什么知识，对洽谈人员还有什么要求？

招商洽谈的顺利进行是招商工作成功的关键。在洽谈之前要准备好洽谈的资料，选定洽谈的人员并制定洽谈策略和方案。洽谈资料包括招商方案、招商协议和赛事规程等。只有在资料上做充足的准备，才能在洽谈中掌握主动权，保证洽谈顺利进行，最终实现签约。

电子竞技赛事的招商涉及游戏、市场营销、赛事运营管理、心理学、法律等跨学科知识，这就要求洽谈人员需要有很强的综合素质，确保招商洽谈活动的成功。洽谈人员需具备的素质有：广泛而专业的知识、优秀的社交能力、优秀的语言表达能力、细致观察的能力、随机应变的能力等。

○ 任务 2　洽谈要点

任务目标

了解电子竞技赛事招商洽谈要点的类型

任务描述

本任务讲述了企业、赛事、合作方式、效益 4 个方面的洽谈要点,事实上根据不同的情境,比如不同的洽谈对象、不同的招商目标,会有不同的洽谈要点。

2.1　谈企业

企业包括赛事方企业、赞助商企业和竞争对手企业。赛事方在洽谈中向赞助商展示自身实力,树立良好的企业形象,可以增加赞助商的合作意愿,促进洽谈成功。洽谈过程中谈赞助商的文化、需求等,可以拉近洽谈双方的距离,赢取赞助商的信任。谈赛事方竞争对手,可以表明自身的优势以及能给赞助商带来的独特收益,一定程度上打消赞助商货比三家的疑虑。

2.2　谈赛事

赞助商对赛事有一个全面的了解,是后续洽谈内容能够顺利进行的关键。赛事方需向赞助方介绍赛事的主题、时间、地点、比赛类目、用户群体、比赛资源等,使赞助商对赛事有一个全局的概念,便于其将投资回报效益进行评估,增强赞助的信心。比赛资源包括视频、明星、主播、解说、媒体等,如游戏风云 2018 年 G 联赛的赛事资源就包括独家电视资源、独家移动广告资源、自有户外资源、视频、媒体和主播资源、百度贴吧资源等。

2.3　谈合作方式

谈合作方式主要将赞助资源与赞助商需求进行匹配,明确能给赞助商带来赞助效益的各种项目或活动,再对项目和活动细则进行讨论。

2.4　谈效益

获得赞助效益是赞助商进行赞助的根本目的,在谈效益时要结合赛事情况和合作方式,有理可依,有据可循,才能打动赞助商。

实战训练　　如果公司委派你与赞助商洽谈,根据前面你撰写的赞助方案,说说你洽谈需准备什么? 洽谈中应注意什么问题?

项目 5
电子竞技赛事赞助招商签约

知识目标

（1）了解电子竞技赛事赞助协议的基本结构

（2）了解签署电子竞技赛事赞助协议时的注意事项

开篇案例

小张被领导要求写一份某电竞赛事的赞助协议，为了完成任务，小张通过查阅大量资料，整理出以下内容。

○ 任务 1　协议结构

任务目标

了解电子竞技赛事赞助协议结构的四个部分及其具体内容

任务描述

在网上找一个电子竞技赛事赞助协议，对照本文协议结构，看有何异同？

电子竞技赛事协议结构一般为以下四个部分[①]。

1.1　协议首部

协议首部一般包括标题、合同编号、主体信息、引言四个部分。标题是合同的名称。合同编号是为便于管理和查找而设置的序列号。主体信息包括协议双方的身份、地址、联系方式等。引言是对协议的目的、内容、双方意愿进行的简单描述。

1.2　协议正文

协议正文是协议的核心内容，是协议双方开展合作的意思表达，主要包括以下内容：

1.2.1　概念界定

概念界定指对在协议中出现的词语的含义进行解释和说明的条款，如在协议中明确说明"甲方"和"乙方"所指对象。

---

① 孙博文.电子竞技赛事与运营［M］.北京：清华大学出版社，2019.

1.2.2 权利和义务条款

权利和义务条款是协议正文的核心,也是协议的必备条款。只有确定权利和义务,协议双方才具有合作性。

1.2.3 费用条款

费用条款是赛事协议的必要条款,包括费用数目、支付方式、支付时间、收款方账户信息等。

1.2.4 保密条款

保密条款是协议主体对技术信息、经营信息、人员信息等需保密的事项所作的规定。

1.2.5 有效期限

有效期限包括协议的生效和废止时间。如:本协议有效期为____年/月,自甲乙双方签订之日起生效,至____年___月___日终止。

1.2.6 陈述与保证条款

陈述与保证指协议主体对和协议有关的事项的说明,如甲乙双方作出如下声明与保证:双方承诺按照本协议的约定认真履行各自义务。

1.2.7 违约责任条款

违约责任是协议主体不能履行协议所规定的义务而应承担的责任。此项是必要条款。

1.2.8 遵守法律条款

遵守法律条款是赛事协议内容应遵守法律法规,以及如协议内容违反法律法规时必须进行修改所作的承诺。

1.2.9 免责条款

免责条款指当出现协议双方不可避免的、会妨碍协议主体履行职责的事件时可以免除违约责任的条款。这些事件包括自然灾害、战争、网络故障、黑客袭击等。

1.2.10 协议的变更、解除与续约

根据赛事需要,赛事协议内容可以明确规定协议在何种情形下可变更、解除和续约,以及规定这些事项的操作方法。

1.2.11 解决争议的办法

解决争议的办法是必要条款,是协议有效执行的保障。

1.2.12 其他

其他指除已经说明的条款其他需补充的事项。

1.3 协议尾部

协议尾部一般包括协议主体名称、联系方式、银行账号、授权代表签字、单位公章、签约

年月日等内容。

1.4　协议附件

协议附件一般包括三种：一是对协议正文的补充说明，二是相关主体或项目的资质信息，三是补充协议。

○ 任务 2　电子竞技赛事赞助协议示例①

任务目标

（1）了解电子竞技赛事赞助合同的撰写格式

（2）学会简略撰写电子竞技赛事赞助合同

任务描述

想一想以下合同还可以增添哪些内容？

电子竞技赛事赞助合同

合同编号＿＿＿＿＿＿

协议双方

甲方：（赞助公司）　　　　　　　　乙方：（赛事组织举办方）

地址：　　　　　　　　　　　　　　地址：

电话：　　　　　　　　　　　　　　电话：

传真：　　　　　　　　　　　　　　传真：

邮箱：　　　　　　　　　　　　　　邮箱：

1. 甲方将成为预定于×年×月×日举行的（赛事名称）的冠名赞助商。此赞助商资格具有排他权，如无特殊协定，任何其他公司、机构不得同时成为该赛事冠名赞助商或以类似名义来宣传。

2. 作为对享受本协议所规定的权利和服务的报偿，甲方应向乙方交纳总数为×元（人民币）的赞助费。赞助费分三次付清，付款时期不得迟于×年×月×日、×年×月×日和×年×月×日。

3. 在（赛事名称）举行期间，每场比赛乙方均向甲方赠送×张门票，观赛座位位于 VIP 区域。此外，甲方还可按票面价格向乙方购买不超过体育场馆座位总数×％的门票，座位将被安排在优越的观赛区域，乙方将尽可能早地将门票交予甲方。

4. 乙方确定标准赛事名称及标志时，须将甲方公司名称冠于赛事名之前。所确定的赛

---

① 陶为宁.体育赛事策划与管理[M].重庆：重庆大学出版社，2015.

事名称须经甲方同意。

5．在同类产品中，只有甲方产品的广告可出现在举办赛事的体育场馆内，馆内不得公开销售甲方同业竞争者的产品或利用这些产品提供服务。

6．在不与体育场馆的规定及原先所定合同相冲突的情况下，乙方应尽量为甲方提供条件，维护其在体育场馆内设置广告牌幅、销售商品的同类排他权。

7．甲方将于×年×月×日(或相近日期)召开赛事新闻发布会。届时，除非另经双方同意，除了提及甲方的赞助商身份以外，不得对甲方做另外的宣传。

8．本协议条款自双方签字确认之日起生效，有效期至×年×月×日。

9．协议双方应负责对本协议进行保密。除非有特别规定，协议的任何一方不得将本协议的内容与条款向第三方泄露。

10．如本协议的执行涉及双方代理人的参与，乙方的代理佣金应完全由乙方负责支付，甲方无义务支付。同样，甲方的代理佣金应完全由甲方负责支付，乙方无义务支付。

11．在履行协议过程中，如果双方发生争议，应友好协商解决。协调不成的，按本协议约定的下列方法之一进行解决：(A)提交_____(仲裁委员会名称)，根据该委员会仲裁程序暂行规定进行仲裁。该委员会的决定是终局的，对双方均有约束力。仲裁费用，除另有规定外，由败诉一方负担。(B)向签订协议所在地法院提起诉讼。

12．协议双方可本着真诚合作的原则就办理保险、免责、行为准则、商标保护等事宜商谈更详细的协议条款，列为本协议的附件。本协议履行期间，双方因履行本合同而签署的补充协议及其他书面文件，均为本协议不可分割的一部分。但协议正本的生效不以附件生效为前提。

本协议一式两份，甲乙双方各执一份，经由甲乙双方签字、盖章后生效。

甲方名称：　　　　　　　　　　　　乙方名称：

法人代表：　　　　　　　　　　　　法人代表：

盖章单位：　　　　　　　　　　　　盖章单位：

　　年　　月　　日　　　　　　　　　　年　　月　　日

◎ 任务 3　协议签署注意事项

任务目标

(1) 了解如何确认签约人的主体资格

(2) 了解协议的签订形式

(3) 了解协议的必备条款

任务描述

本任务主要讨论签署协议时的细节，有时一个细节就能决定一次招商活动的成败，所以需认真对待。

3.1　核实确认签约人的主体资格

《中华人民共和国合同法》第九条规定,当事人订立合同,应当具有相应的民事权利能力和民事行为能力,当事人依法可以委托代理人订立合同。签约人可以是自然人、法人或组织,在签订赞助协议之前需要核实对方是否有资格代表赞助商签订协议。核对确认方式有在工商部门查询赞助商工商注册资料、查看对方当事人签约委托书、核验对方单位公章、合同专用章等。

3.2　采用合适的协议形式

协议一般以书面形式签订,如使用其他形式(如口头、信件、数据电文)订立合同,须签订确认书并盖章签字。

3.3　检查协议的必备条款是否具体、明确

《中华人民共和国合同法》第十二条规定,合同的内容由当事人约定,一般包括以下条款:(1)当事人的名称或者姓名和住所;(2)标的;(3)数量;(4)质量;(5)价款或者报酬;(6)履行期限、地点和方式;(7)违约责任;(8)解决争议的方法。必备条款具体、明确,才能避免不必要的纠纷。

3.4　检查协议是否存在重大误解、有失公平的情形

协议签订双方必须秉持公平的原则积极细致地沟通,从而清楚知悉协议规定的每一项内容,避免一方因对协议内容误解而在协议落实操作过程中产生歧义,影响赞助活动顺利进行。

实战训练

请写一份完整的电竞赛事招商赞助协议模板。

项目 6
电子竞技赛事赞助招商评估总结

知识目标

了解电子竞技赛事赞助招商评估和总结包括哪些内容

开篇案例

电子竞技公司商务部为锻炼新人,让小张对某次电竞赛事赞助招商活动进行评估总结,小张从结果和过程两个方面对此次活动进行了分析,较全面细致地写出了总结报告,受到领导的表扬。

○ 任务 效益评估和过程总结

任务目标

(1) 了解电子竞技赛事效益评估的内容

(2) 了解电子竞技赛事过程总结的重要性

任务描述

不同的赞助活动会有不同的效益,应具体情况具体分析。本任务告诉我们电子竞技赛事过程总结的重要性,告诉我们要多角度评价赞助活动。

1.1 效益评估

效益评估首先以赛事目标为出发点,评估招商活动是否实现了招商目标,保障了赛事的顺利进行。然后评估招商活动是否完成了事先确定的招商任务,招商效益是否实现了赛事目标。

1.2 过程总结

评估除了要关注结果性评价,还应注重过程性总结。总结在整个招商过程中每个环节和细节的完成情况,对于在本次招商活动中吸取经验,完善招商过程,避免之后招商活动再次出现类似错误至关重要。

实战训练

在网上收集赛事招商赞助案例,对其效益和过程进行评价。

模块思考题

(1) 赛事招商和赛事赞助有何区别与联系？

(2) 电子竞技赛事赞助招商项目评估的内容是什么？

(3) 电子竞技赛事赞助招商方案包括哪些内容？

(4) 电子竞技赛事赞助招商协议的必要款项有哪些？

(5) 电子竞技赛事赞助招商总结评估的内容有哪些？

参考文献

[1] 陶应虎,顾晓燕.公共关系原理与实务[M].北京:清华大学出版社,2006.

[2] 张贵敏.体育市场营销学[M].上海:复旦大学出版社,2016:303.

[3] 代刚.体育商业运作模式的历史、形式及其作用探析——以体育商业赞助为研究对象[J].商业时代,2012(28):128-129.

[4] 超竞教育,腾讯电竞.电子竞技赛事运营与管理[M].北京:高等教育出版社,2020.

[5] 孙博文.电子竞技赛事与运营[M].北京:清华大学出版社,2019.

[6] 陶为宁.体育赛事策划与管理[M].重庆:重庆大学出版社,2015.

模块 5 | 电子竞技赛事营销

项目1
体育赛事营销与电子竞技赛事营销概述

知识目标

（1）了解体育赛事营销和电子竞技赛事营销的概念与区别

（2）了解电子竞技赛事营销的特点

（3）了解电子竞技赛事营销的意义

开篇案例

某体育赛事管理公司是一家专业从事体育赛事运营的服务型公司。近期随着电子竞技运动的兴起，公司开始朝电子竞技赛事营销服务方向拓展旗下业务，为此公司特地招聘了一些新员工。小杨是曾就读于工商管理专业，十分热爱电子竞技的他凭借扎实的营销知识基础，成功应聘这家公司。公司开设了一系列新员工的培训课程，课程主要介绍了电子竞技赛事营销的概念和特点，以及与传统体育赛事营销的区别。旨在使员工对电子竞技赛事营销有一个更全面的认识，以满足电子竞技赛事对专业营销人员的要求。经过为期一个月的专业培训，小杨对电子竞技赛事的营销有了更深的认识。

○ 任务1　体育赛事营销概述

任务目标

（1）了解营销的概念

（2）了解 4Ps 和 4Rs 理论的组成要素

（3）理解体育赛事营销的概念

任务描述

了解电子竞技赛事营销之前，需要了解什么是体育赛事营销。

1.1　营销的概念与理论

营销，指企业发现或发掘准消费者需求，让消费者了解该产品进而购买该产品的过程。营销的观念从 20 世纪 50 年代诞生以来，著名的营销理论包括 4Ps 理论和 4Rs 理论等。4Ps 营销策略组合理论是由美国市场营销专家麦卡锡（E. J. Macarthy）教授提出的，即用产品（Product）、价格（Price）、渠道（Place）、宣传（Promotion）来解释在营销过程中的营销策略（s 表示"Strategy"即策略）。4Rs 营销理论是由美国整合营销传播理论的鼻祖唐·舒尔茨（Don E. Schuhz）提出的，4R 分别指代 Relevance（关联）、Response（反应）、Relationship（关系）和

Reward(回报)。该营销理论认为,随着市场的发展,企业需要从更高层次上以更有效的方式在企业与顾客之间建立起有别于传统的新型的主动性关系。

1.1.1　4Ps营销理论

4Ps营销理论被归结为四个基本策略的营销组合,这四个策略包含产品、价格、渠道、宣传方面的内容,具体内容如下:

产品(Product):注重开发相关产品的功能,要求产品有独特的卖点,把产品的功能诉求放在第一位。

价格(Price):根据不同的市场定位,制定不同的价格策略,产品的定价依据是企业的品牌战略,注重品牌的含金量。

渠道(Place):企业并不直接面对消费者,而是注重经销商的培育和销售网络的建立,企业与消费者的联系是通过分销商来进行的。

宣传(Promotion):将宣传当作包括品牌宣传(广告)、公关、促销等一系列的营销行为,而不是将Promotion狭义地理解为"促销"。

1.1.2　4Rs营销理论

4Rs营销理论是以关系营销为核心,重视企业和客户关系的长期互动,重在建立客户忠诚度的理论。4个要素包括关联、反应、关系、回报,具体内容如下:

关联(Relevance):即认为企业与顾客是一个命运共同体。建立并发展与顾客之间的长期关系是企业经营的核心理念和最重要的内容。

反应(Response):在相互影响的市场中,对经营者来说最难实现的问题不在于如何控制、制定和实施计划,而在于如何站在顾客的角度及时地倾听,并从推测性商业模式转移成为高度回应需求的商业模式。

关系(Relationship):在企业与客户的关系发生了本质性变化的市场环境中,抢占市场的关键已转变为与顾客建立长期而稳固的关系,从管理营销组合转向管理企业与顾客的互动关系。

回报(Reward):任何交易与合作关系的巩固和发展,都是经济利益问题。因此,具体的合理回报既是正确处理营销活动中各种矛盾的出发点,也是营销的落脚点。

1.2　体育赛事营销的概念

体育本身就是一种世界性语言,它可以打破信仰、文化、语言和种族等种种障碍,联结社会、企业与消费者的关系,因此非常有利于企业与目标对象进行沟通,快速提升品牌知名度。

一般来说,体育赛事营销是把传统的市场营销原理和过程运用到体育赛事产品中的营销活动。体育赛事营销活动过程通常包括两方面内容,一是直接向消费者营销体育产品或服务,即体育赛事本身的营销,如比赛门票的销售、纪念品的销售等;二是借助体育赛事对其他企业的产品或服务进行的营销,即作为广告载体的体育赛事营销,如企业赞助、场内外企业广告宣传、赛事无形资产销售等。

因此,体育赛事营销是按照市场规律,结合企业需要,整合企业优势资源,借助冠名等手段,通过所赞助的体育赛事活动来树立企业的形象,推广品牌,创造消费需求,营造良好的外部发展环境等营销目标的过程。体育赛事营销是一种战略,依托于体育赛事活动,摆脱地理空间限制,可以在短时间内吸引受众群体的眼球,具有很强的宣传潜力。其中主要的体育赛事营销手段主要包括体育赛事冠名、赛场冠名、赛事会徽和吉祥物的使用权等。

综上所述,体育赛事营销是建立在市场营销理论体系基础上的一种崭新的营销模式,是市场营销领域中的一个新的分支概念。同时体育赛事营销也是市场营销理论发展的新动力和新视点,是市场营销理论体系的延展和体育经济理论体系的创新。

○ 任务 2　电子竞技赛事营销概述

任务目标

(1) 了解电子竞技赛事营销的基本概念
(2) 了解电子竞技赛事营销的本质
(3) 了解电子竞技赛事营销的功能

任务描述

电子竞技赛事营销的本质和功能分别是什么? 本任务将结合电竞赛事营销的具体概念来进行解析。

2.1　电子竞技赛事营销的基本概念

随着电竞赛事的日益成熟,其创造的经济价值也受到了人们的关注,对于企业来说,电竞赛事已经拥有多维度的营销价值。电竞赛事营销指的是电竞赛事的组织管理者通过赛前的策划、包装和市场经验,扩大赛事的知名度和影响力,提升赛事的商业价值,从而使赛事的核心利益相关者获得利益的过程。

2.2　电子竞技赛事营销的本质

电竞赛事营销的本质是电竞赛事利益相关者通过提供与电竞比赛相关服务以满足消费者的需求。电竞赛事涉及的利益相关者众多,包括参与赛事的职业选手和俱乐部、投资竞赛的赞助商、对赛事支持认可的政府机构、赛事观众等。

2.3　电子竞技赛事营销的意义

电竞赛事营销对赛事本身乃至电竞产业发展都具有积极意义。于赛事而言可以扩大赛事信息的传播范围,提升赛事知名度和公信力,塑造良好的赛事品牌形象。对于电竞企业而言,通过营销手段可以为电竞赛事带来更多的观众、参赛者和赞助商,从而提升电竞企业的商业利益。

企业营销的不光是产品,也是一种文化,一种与消费者产生共鸣的情感。将电竞赛事活动中体现的电竞文化融入相关产品中,实现电竞文化、品牌文化与企业文化三者的融合,能够引起消费者与企业的共鸣,使消费者心目中形成长期的特殊偏好,提高企业的竞争优势。

○ 任务 3　电子竞技赛事营销的特点

任务目标

理解电子竞技赛事营销的三个特点

任务描述

电子竞技赛事营销的特点依附于电竞赛事本身,这是在本任务的学习中需要注意的一点。

3.1　专业化

随着国内电子竞技赛事数量的不断增加,从赛事经验的积累到品牌的建立再到赛事的筹备和规划,电竞赛事营销正逐渐走向专业化发展的道路。不管是品牌赞助商数量的增加,还是赛事知名度的提升,都离不开专业化赛事营销的努力。比如在斯迈夫国际体育产业展览会暨国际体育消费展上,NEST 电子竞技大赛入围"最具投资价值的体育赛事"的称号,就很大程度上得益于专业化的赛事营销。

3.2　联盟化

过去电竞赛事的举办以某地区为比赛地,众多俱乐部集中在固定场所进行比赛。而电竞赛事联盟化发展就是将原本集中在一座城市举办的电竞赛事,换成在各俱乐部所在的城市举办,这类似于 NBA 的主客场制度。

赛事联盟化发展也带动着赛事营销的联盟化,各俱乐部或电竞企业开始利用主场优势开展营销活动。

3.3　泛娱乐化

泛娱乐化发展作为相关产业营销的新手段,是指以明星为核心,以互联网及其共生领域为媒介,以粉丝为受众的新兴概念。这种新型营销体系涵盖了影视、动漫、小说、游戏等众多产业,并渗透至周边衍生产品、主题乐园等线下领域。随着电竞赛事规模扩大,单一的竞技比赛内容已经无法满足用户的需求,部分主办方通过将电子竞技赛事营销手段和泛娱乐化发展结合起来,在赛后挖掘赛事 IP 价值,利用其附加作用使得比赛在结束之后朝着娱乐化、大众化的方向发展,依托赛事进一步发展粉丝经济并整合娱乐资源,在线下寻求更多的变现渠道。例如英雄联盟在职业比赛后利用解说娱乐交流的"LPL 饭堂"综艺,将游戏 IP 制作成综艺、影视、音乐、动漫、短视频等。

○ 任务4　电子竞技赛事营销管理

▌ 任务目标

（1）了解电子竞技赛事营销管理的概念

（2）了解电子竞技赛事营销管理目标设立的原则和步骤

▌ 任务描述

设立目标是管理活动常见的过程,思考电子竞技赛事营销管理目标与赛事目标有何联系。

5.1　电子竞技赛事营销管理的概念

电子竞技赛事营销管理是由赛事活动的社会化引起的,是为使营销过程专业化,实现营销目标而对营销行为进行控制的过程。随着电竞赛事营销活动的深入发展,电竞赛事营销活动的领域越来越广,并不断涌现出许多新的与电竞赛事营销相关的理论、技术和方法,涉及更多的电竞赛事营销人员、机构、商品和信息等。电竞赛事营销管理变得愈发重要。

5.2　电子竞技赛事营销管理的目标

在确定赛事营销管理方案之前,需要设定相关的营销管理目标。电竞赛事营销管理的目标是制定赛事管理目标内容的统领和前提。正确的营销管理目标可以发挥激励作用,推动赛事各部门机构朝着共同目标去努力。

目标的设定应该遵循"SMART"原则,即:目标必须是具体的(specific)、可衡量的(measurable)、可以达到的(attainable)、有相关性的(relevant)、有明确截止日期的(time-bound)。

根据以上原则,在电竞赛事营销管理目标设定时应该遵循如下步骤:

（1）回顾组织机构的使命。在设定营销管理目标时,应当回顾组织的使命,以目标反映使命。

（2）评估可获得的资源。如果拥有的资源无法支持完成目标,这个目标的设置就是不合理的。

（3）与相关负责人共同确定目标。电竞赛事的营销管理目标涉及多个部门，目标的完成需要各部门的合作。为了设置具体的目标，在目标设置时应当与相关部门的负责人沟通，确定目标的可实现性。

（4）将确定的赛事营销管理目标传达给必要人员。传达赛事营销管理目标能够使人们对相关目标有更加彻底的思考。

（5）对取得的结果进行评估，以判断目标是否实现。

实战训练

选择一项电竞赛事，用 4Ps 营销理论分析其可采用的营销策略，并思考这些策略如何体现电竞赛事营销的特点。

项目 2
电子竞技赛事营销的过程

知识目标

  (1) 了解电子竞技赛事营销对象的组成部分

  (2) 了解电子竞技赛事营销的策略

  (3) 了解电子竞技赛事营销的市场机会

开篇案例

  在电子竞技公司上班的小杨,在一次业务培训过程中接触到了许多优秀的赛事营销案例,例如:

  2018 年英雄联盟全球总决赛,英雄联盟官方和肯德基达成了一项合作,以大数据和 AI 技术为基础,以山德士·肯德基上校为形象,塑造了一个可以预测比赛走势的 AI 形象"KI 上校"(如图 5.1)。但 KI 上校在推出之后,预测比赛结果不尽如人意,KI 上校给出比赛走势曲线往往是与最终结果相反的。这种情况也一度在观众群体中成为笑谈。然而,肯德基官方并没有对此进行过度公关,与之相反,他们对 KI 上校的行为和风格作出调整,让它进一步向"毒奶"这一人设靠拢,通过这种人设彻底将企业和赛事本身绑定在了一起。

图 5.1　KI 上校阵容强度对比图

  2019 年 11 月,奢侈品品牌 LV 和拳头游戏针对 S9 英雄联盟全球总决赛的决赛达成了一次合作,双方先是共同定制了一款 S9 决赛主题的 LV 拉杆箱(如图 5.2),拉杆箱上采用了 S9 奖杯的元素。随后,在巴黎的总决赛赛场上的奖杯展示环节当中,S9 冠军奖杯也是被收纳在印有 LV 的 Logo 的拉杆箱当中,这一幕吸引了全场数万双眼睛的关注。

图 5.2　LV 的 S9 英雄联盟主题联名拉杆箱

通过这些案例的学习，小杨发现游戏厂商、品牌方、赛事主办方、游戏媒体、职业俱乐部之间存在着一些紧密而又微妙的联系。

◯ 任务 1　确定营销的对象

任务目标

能简略说出电子竞技赛事营销对象有哪些

任务描述

本任务较为简单，只需做大致了解。

电竞赛事的营销对象主要包括电竞俱乐部及旗下的职业选手、赛事供应商、赛事赞助商、游戏媒体和线上线下的观众等。这些营销对象共同构成了赛事的利益相关者。

电子竞技职业选手通常是经过层层选拔出有资格参加电子竞技比赛的职业玩家们。与传统体育的运动员一样，电子竞技职业选手要经过长时间不断的练习，参加相关电子竞技项目为夺得奖金和荣誉而努力。因此，向运动员营销时，要突出赛事奖金和规格等内容。

赛事供应商和赛事赞助商作为举办赛事和保证赛事成功举办的相关平台，决定赛事举办规模的上限和相关赛事的影响程度。

2020 年年底,外媒统计了 2020 年各项赛事总奖金金额、现役选手数量和赛事数量(如图 5.3)。

Top Games of 2020

1. Counter-Strike: Glob...	$15,808,057.22	2862 Players	570 Tournaments
2. Dota 2	$9,233,852.73	937 Players	146 Tournaments
3. League of Legends	$8,003,608.46	1320 Players	65 Tournaments
4. Fortnite	$7,884,451.40	1467 Players	104 Tournaments
5. Call of Duty: Modern...	$6,268,672.00	206 Players	35 Tournaments
6. PLAYERUNKNOWN'...	$5,420,371.60	442 Players	14 Tournaments
7. Rainbow Six Siege	$5,015,764.30	578 Players	40 Tournaments
8. Overwatch	$4,358,012.00	236 Players	10 Tournaments
9. Hearthstone	$4,232,600.00	431 Players	40 Tournaments
10. PLAYERUNKNOWN'...	$4,012,052.57	887 Players	53 Tournaments
11. Rocket League	$3,369,260.83	566 Players	171 Tournaments
12. Call of Duty: Warzone	$2,826,407.12	586 Players	106 Tournaments
13. VALORANT	$2,248,376.65	2137 Players	291 Tournaments
14. Apex Legends	$2,164,839.05	623 Players	188 Tournaments
15. StarCraft II	$2,085,575.84	317 Players	353 Tournaments

图 5.3　2020 年电子竞技赛事总奖金金额、现役选手数量和赛事数量

游戏媒体是一种致力于发布与新闻、游戏攻略、游戏视频、游戏发号、游戏下载等相关的新兴媒体,是服务于游戏玩家和游戏厂商的中介。

观众作为电竞赛事相关产业链的最终受众,是电竞赛事营销对象最重要的一个环节。由于网络直播平台代为转播电竞赛事带来的便利性,线上观众的数量要远远大于线下电竞赛事观众。而线上线下观众又可以细分为核心电竞爱好者(即观看专业电竞赛事内容频率大于一月一次的人)和偶尔观看的非核心观众(即观看专业电竞赛事内容频率小于一月一次的人)。对观众营销时,要注重挖掘丰富的赛事资源,展现赛事看点,满足观众的多元需求。

2020 年荷兰市场研究机构 Newzoo 发布了全球电子竞技市场报告。根据报告,2020 年全球电子竞技观众达到 4.95 亿,其中包括 2.23 亿电子竞技爱好者和 2.72 亿偶尔观看的非核心观众(如图 5.4)。

在向这些对象营销时要注意了解他们的需求和特点,采用具有针对性的手段来达成营销目的。如针对游戏媒体和赛事观众的营销,要注重突出赛事实力和文化,体现赛事看点,针对赞助商,则注重体现赞助价值。

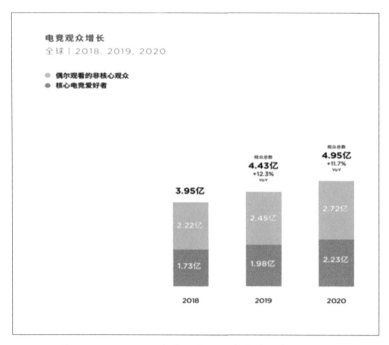

图 5.4　2018—2020 年电子竞技赛事全球观众人数变化

◎ 任务 2　确定营销的策略

任务目标

简略描述电子竞技赛事如何使用 4Ps 营销策略

任务描述

和普通的营销策略相比,电竞赛事的营销策略有没有什么特别之处? 本任务将通过传统的 4Ps 营销策略组合理论来解释电竞赛事的营销策略。

利用合适的电竞赛事营销策略可以使得自身赛事在电竞赛事发展迅速、竞争激烈的环境中脱颖而出,达到理想的营销效果。提升电竞赛事营销策略的针对性和有效性是电竞产业健康发展的关键。电竞赛事 4Ps 营销策略如下:

2.1　产品(Product)

电竞赛事的产品和所有产品一样分有形产品和无形产品。商业性电竞赛事归属于第三产业下的体育竞技表演业,那么我们就可以将电竞赛事的有形产品定义为:主办方为消费者提供令其满意的线上线下欣赏电竞赛事竞技表演的一种服务。

除了有形产品,还包括一些外延性的东西,即无形产品。这类无形产品一般分成两种,一种是主办方为现场观众提供座位、餐饮、赛事纪念品等的一系列服务，另一种是依附于赛事本身的赛事转播权、赛事标志特许使用权（包括会徽、队徽、吉祥物、选手形象等）、广告权（包括场馆冠名权、赛事冠名权、场地广告使用权）等。生产好的"产品"是最为重要的营销策略。

2.2　价格（Price）

电竞赛事的门票定价方法包括市场需求导向定价法、成本导向定价法和市场竞争导向定价法。其中最常见的是市场需求导向定价法，其是以市场对赛事需求的强度和消费者对赛事价值的理解程度为依据来确定门票价格的方法。市场需求导向定价法可以从顾客认知价值、需求心理和需求差异三个角度进行分析。

顾客认知价值：是指消费者在观念上所认知、理解或感受的价值，它与赛事的实际价值可能一致，也可能不一致。采用顾客认知价值对电竞赛事的门票进行定价时，需要引导消费者对赛事价值的认知和理解，从而形成对经营者有利的价值观念，然后再根据赛事在消费者心中的价值来制定门票价格。

顾客需求心理：根据消费者的价格心理，选取符合消费者心理特点的定价方法。有习惯定价法、声望定价法、组合定价法、从众定价法和安全定价法。

顾客需求差异：即根据需求对象和购买时间、数量、地点等的不同，制定不同的门票价格。根据不同的消费对象采取不同的定价策略，常用的是分级别法和会员价法。电竞赛事一般将门票按座位不同分为甲、乙、丙、丁四种价格等级，依据观众身份将赛事门票分为嘉宾票和普通票，赛事的嘉宾票主要提供给参赛队的固定邀请嘉宾等，普通票将放置在相关售票平台供普通消费者进行购买。

2.3　渠道（Place）

在传统的营销策略中，渠道是指产品从生产者向消费者转移所经过的路线。它的实体是购销环节及专门为购销服务的一系列组织和个人。因此它可以被定义为：促使产品或服务顺利经由交换过程转移给消费者使用的一整套相互依存的组织。

基于互联网平台推送电竞赛事信息可令电竞赛事爱好者及时高效地获取电竞赛事信息，并且加强电竞赛事爱好者与举办者之间的沟通交流和信息互动，电竞赛事营销者应积极建构作为营销渠道的网络营销平台，根据赛事信息受众的历史消费习惯向其推送赛事实时信息，以有效引导赛事爱好者准时参与赛事活动。

2.4　宣传（Promotion）

电竞赛事的宣传是指以电竞赛事为核心，通过互联网和线下渠道进行传播，以广告、公关、促销等手段促进人们购买相关产品和进行各种消费来促进电竞赛事发展的策略。它能够唤起消费者的需求,并能将电竞赛事的相关产品描述成为满足此需求的样子。

电竞赛事的宣传行为对赛事本身来说具有积极意义,通过各种宣传手段可以为电竞赛事带来更多的观众、参赛者和赞助商,进而提升电竞赛事的商业价值。电竞赛事的宣传活动可以扩大赛事信息的传播范围,如今电竞赛事绝大部分赛事宣传为网络媒体宣传,其不受时间和空间的限制,可以在较大范围内扩大电竞赛事的知名度。

电竞赛事作为近年才盛起的竞技赛事,其关注人群以年轻人为主,所以宣传目标选择的受众人群较为集中,有利于电竞赛事信息的有效定向传播,提高了赛事宣传的效率。

○ 任务3　分析市场机会

▌ 任务目标

（1）了解分析电子竞技市场机会的三大内容

（2）以某项城市电子竞技赛事为例,分析其市场机会

▌ 任务描述

不同赛事会有不同的市场机会,本任务以案例的形式进行描述。

国内的电竞市场发展潜力巨大,对于在全球化范围交流与传播的电竞赛事来说意义非凡。而各类游戏在过去十多年的发展过程中也形成了涵盖多种类的赛事类型,其营销网络也都在不断完善中。自2003年11月18日国家体育总局正式批准将电子竞技列为第99个正式体育竞赛项目,2008年国家体育总局将电子竞技改批为第78号正式体育竞赛项目之后,中国电竞赛事市场在世界电竞赛事市场上的比重也越来越大。对于电子竞技赛事这块巨大的"蛋糕",如何对其存在的市场机会进行细致分析,也显得尤为重要。以下以中国电竞市场为例,描述市场机会分析的内容。

3.1　市场整体分析

随着我国互联网的迅猛发展,互联网已应用在了国民生活的各个领域,其中也包括备受瞩目的电子竞技产业。艾瑞咨询《2020中国电竞行业研究报告》显示,2020年我国电子竞技市场规模已突破1353.1亿元,整体市场规模增长率为19.7%,具体如图5.5所示。在物质生活逐渐充盈的时代下,以1980年代、1990年代以及2000年后出生的人群为主的新生代力量,对娱乐的需求与日俱增,在移动互联网迅猛发展的大时代背景下,形成了以优酷、腾讯、虎牙、斗鱼、企鹅等直播平台为主要载体,以淘宝、苏宁易购、京东等电商频道为渠道,以微博、微信公众号、哔哩哔哩动画等自媒体平台为传播渠道的泛电子竞技的体系。同时还衍生了直播平台的主播、代练、自媒体等新兴职业,为社会经济提供了多元发展空间。

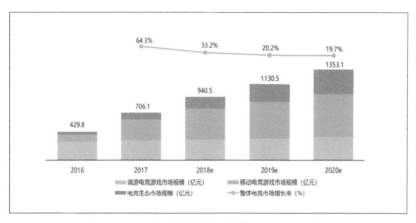

图 5.5　中国电竞整体市场规模(2016—2020 年)

电子竞技凭借数字化优势,在 2020 年内通过举办线上比赛收获了更多新粉丝,展现出较强的生命力。《2020 全球电竞运动行业发展报告》显示,当年我国电竞用户人数新增 2 600 万。随着电竞市场和用户规模的持续增长,相关企业总数已超过 1 万家,包括游戏厂商、俱乐部、赛事运营、直播平台等主体,形成了良好的产业生态体系。

3.2 市场结构分析

国内电子竞技行业市场结构主要分为三个板块,分别是端游电竞游戏市场、移动电竞游戏市场和电竞生态市场。

端游电竞游戏市场指的是中国大陆地区端游用户的电竞游戏消费总规模,根据艾瑞咨询《2020 中国电竞行业研究报告》,2020 年中国端游电竞市场规模为 347 亿元,占比为 25.6%,如图 5.6 和图 5.7 所示。

移动电竞游戏市场指的是中国大陆地区移动用户电竞游戏消费总规模,2020 年移动电竞市场规模为 631 亿元,占比为 46.7%。

电竞生态市场包括赛事门票、周边、众筹等用户付费以及赞助、广告等企业围绕赛事产生的收入规模,以及包括电竞俱乐部及

图 5.6　中国电竞整体市场规模(2020 年)

选手、直播平台及主播等赛事之外的产业链核心环节产生的收入规模,2020 年电竞生态市场规模为 375 亿元,占比为 27.8%。

从整体中国电竞市场的发展可以看到,电竞游戏收入仍将在未来一段时间内成为电竞

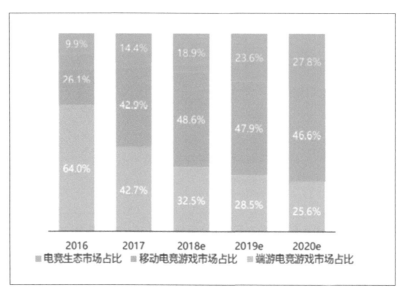

图 5.7 中国细分电竞市场规模占比(2016—2020 年)

市场的主要收入。尽管如此,中国电竞生态市场占比仍在持续提高,根据近年来移动竞技游戏的增速放缓以及 PC 竞技游戏的触顶,中国电竞市场规模的未来增长将主要依靠电竞生态市场。而电竞赛事商业化发展的强力推动将会进一步促进电竞生态扩张,为行业增长提供持久续航动力。

3.3 市场环境分析

3.3.1 政治环境

我国电子竞技产业政策逐渐由限制走向扶持。从国家层面来看,对于电竞赛事的举办呈现鼓励态度,2016 年国家发改委发布的《关于印发促进消费带动转型升级行动方案的通知》中明确指出在做好知识产权保护和对青少年引导的前提下,以企业为主体举办全国性或国际性电子竞技游戏游艺赛事活动。国家体育总局在 2019 年公布的《体育产业统计分类(2019)》正式将电子竞技归为职业体育竞赛表演活动。从城市层面来看,上海市政府发布《关于促进上海电子竞技产业健康发展的若干意见》,正加快打造"世界电竞之都",从政策和区位上布局电竞生态环境,有效带动当地文化旅游和创意经济的发展。有关支持电竞产业发展的政策文件相继出台,对我国电竞产业发展带来积极影响,有利于提高电竞企业对电竞赛事内容质量和文化价值的重视,有助于电竞企业推行精品化战略,电竞赛事的举办逐渐成熟。

3.3.2 经济环境

电子竞技是网络游戏与竞技体育融合碰撞诞生的新形态,电竞赛事作为展现电子竞技的最好平台,世界许多国家都在围绕电竞赛事打造电子竞技商业圈,作为电竞强国的韩国,电竞产业早已向支柱性产业方向发展,并且拥有相关优秀电竞赛事举办先例。20 世纪 90 年代末电子竞技在我国兴起,时至今日,我国电子竞技产业经济价值日益凸显,电竞用户规模逐渐稳定,推动了电竞市场朝深度运营方向发展。电子竞技具备高对抗性和观赏性,受到越来越多玩家追捧,《英雄联盟》S9 和 S10 全球总决赛冠军更让中国电竞受到全球关注。2020 年全球电竞赛事观众规模达到 4.95 亿,全球电竞市场收入达到 11 亿美元,同比增长 15.7%。我国经济正在由高速增长阶段向高质量阶段发展,电竞产业发展将会成为我国经济发展新的增长点,而电竞赛事更是电竞产业中最为重要的环节。

3.3.3　社会文化环境

社会对电竞赛事的认知分三个阶段,第一阶段是将电子竞技等同于电子游戏,电竞赛事缺乏系统的赛事规划,社会接受度较低(2003—2005 年)。虽然国家体育总局给出的电子竞技定义为:电子竞技运动就是利用高科技软硬件设备作为运动器械进行的、人与人之间的智力对抗运动。通过运动,可以提高参与者各方面的能力和心理耐受力,培养协同意识。但是在电子竞技成为国家正式体育项目之初,整个社会对电子竞技的认识还停留在将电子竞技等同于电子游戏,尤其是网络游戏的阶段,对于相关电竞赛事并不看好。第二阶段是电子竞技逐步发展壮大,社会认知缓慢转变(2006—2014 年)。随着电子竞技的发展,以及中国电竞战队在世界比赛中成绩的提高,政府和媒体开始对电子竞技进行新的关注,社会开始认识到电子竞技是一项有别于网络游戏的运动。第三阶段是在商业推动下的电子竞技形象转变(2015 年至今)。进入新时代,随着科学技术的进步,尤其是计算机硬件设备以及软件开发等方面取得的重要科学进展,电竞赛事的竞技性与观赏性也大幅提升,吸引了大批观众来观看各式各样的电竞赛事,并产生了巨大的经济效益。2023 年,杭州亚运会成功举办了电子竞技比赛,使社会对电竞赛事的正面认知达到一个新高度。

3.3.4　科学技术环境

作为互动娱乐形式,游戏一直是科技的"第一试验田",新技术的出现时常给游戏行业带来深刻的变革。不仅给游戏者带来新的游戏体验,直转播技术的升级更给线上观众带来更好的观赛体验。随着我国 5G、AR、VR 和人工智能技术的进步,我国电子游戏和赛事也迎来了新的技术变革。例如国内首个采取 MR 技术的第五人格群星挑战赛(IVS),全面革新了赛事制作和内容逻辑,启用虚幻 4 引擎用以赛事制作,把虚拟演播厅打造成了一个三维赛事主题情景空间,在该空间中,摄像机机位采用了第一人称视角,转场移动模拟了玩家进入游戏大厅的过程,玩家观看直播的同时,同步被唤起平常打开游戏时的感觉,一方面快速帮玩家进入游戏状态,另一方面能充分调动起玩家的参与感,进而营造沉浸感,有别于过去电竞赛事提供的"旁观"体验(图 5.8)。只有更完善、庞大的赛事体系,和赛事幕后的内容技术承载力,才能为观众提供兼具娱乐性与竞技性的赛事体验。

图 5.8　第五人格群星挑战赛(IVS)

实战训练　画一张电竞赛事营销流程图,思考每一个流程之间的关系。

项目 3
电子竞技赛事营销方案

知识目标

(1) 了解电子竞技赛事营销方案的内容

(2) 了解编写电子竞技赛事营销方案的原则

开篇案例

某大型 MOBA 类游戏运营商准备在某市承办大型电竞赛事,要求具有资质的电竞赛事服务公司进行招标,在正式招标之前需要各公司提供相关赛事营销的具体方案。小杨所在的公司准备参与投标,并要求小杨所在的营销部门撰写相关赛事的营销方案。部门经理为锻炼新人,除了安排经验丰富的营销人员撰写营销计划书外,也让小杨试着独立撰写一份营销计划书。小杨根据所学的营销知识,很快就完成了任务,然而他却被告知自己所写的营销方案内容不符合要求,很多要点没有涉及,尤其是没有进一步分析出自己公司相对于其他投标公司所具有的优势,小杨收到这样的反馈之后,挠了挠脑袋,略有所思地投入修改营销方案的工作中。

◎ 任务1　电子竞技赛事营销方案的内容要点

任务目标

(1) 能够根据某场电子竞技赛事,进行 SWOT 分析

(2) 简略了解电子竞技赛事营销方案的内容

任务描述

思考除了本任务所列举的赛事营销方案要点,赛事营销方案还可以有哪些内容?

1.1　市场现状调查及 SWOT 分析

市场现状调查是市场调查和研究的统称,它是个人或组织根据特定的决策问题而系统地设计、搜集、记录、整理、分析市场各类信息资料,撰写调研结果的工作过程。

所谓 SWOT 分析,即基于内外部竞争环境和竞争条件下的态势分析,就是对与研究对象密切相关的内部优势、劣势和外部的机会、威胁等因素进行分析。通过调查列举这些因素,将其依照矩阵形式排列,然后用系统分析的思想,把各种因素相互匹配起来加以分析,从中得出一系列相应的结论,而结论通常带有一定的决策性。

(1) 优势(Strengths)是组织机构的内部因素,具体包括有利的竞争态势、充足的财政来

源、良好的企业形象、技术力量、规模经济、产品质量、市场份额、成本优势、广告攻势等。

（2）劣势（Weaknesses）也是组织机构的内部因素，具体包括设备老化、管理混乱、缺少关键技术、研究开发落后、资金短缺、经营不善、产品积压、竞争力差等。

（3）机会（Opportunities）是组织机构的外部因素，具体包括新产品、新市场、新需求、外国市场壁垒解除、竞争对手失误等。

（4）威胁（Threats）也是组织机构的外部因素，具体包括新的竞争对手、替代产品增多、市场紧缩、行业政策变化、经济衰退、客户偏好改变、突发事件等。

1.2 营销目标

营销目标是指在营销计划期内所要达到的目标，是营销方案的核心部分，对营销策略和行动方案的拟定具有指导作用。营销目标是在分析营销现状并预测未来的机会和威胁的基础上确定的，一般包括财务目标和营销目标两类。其中财务目标由利润额、销售额、市场占有率、投资收益率等指标组成。营销目标由销售额、市场占有率、分销网覆盖面、新客户招揽量、行业渗透情况、价格水平等指标组成。

1.3 营销任务分解

营销任务分解是指在制定一定营销任务的前提下，有计划地将组织各项经营活动分解成各个环节，其最终目标是为顾客提供满意的商品和服务而实现企业目标。

1.4 营销执行策略

营销执行策略是企业以顾客需要为出发点，根据经验获得顾客需求量和购买力的信息，有计划地组织各项经营活动。当不同企业采用相同或相似的营销策略时，不同的执行策略可能会导致最终的营销效果大相径庭。

1.5 营销费用和预算

营销费用是指项目推广、包装，以及与营销相关的各类服务、维护、促销而发生的一切费用。营销预算则是指执行各种市场营销战略、政策所需的最适量的预算以及在各个市场营销环节、各种市场营销手段之间的预算分配。

◎ 任务 2　电子竞技赛事营销方案的编制原则

任务目标

掌握编制电子竞技赛事营销方案的五种原则

任务描述

在编制营销方案时,我们需要遵循的原则有哪些? 这些原则的内容和要求分别是什么? 本任务将对电竞赛事营销方案的编制原则进行详细解释。

电竞赛事营销方案在编制过程中,需要遵循以下五大原则:

2.1 逻辑性

按照逻辑性思维来编制方案策划书,即要求方案要符合生产与生活的逻辑,不能脱离实际。首先是设定情况,交代方案设计背景,分析产品市场现状,再把方案中心目的全盘托出。其次进行具体方案内容详细阐述,明确提出解决问题的对策。

2.2 目的性

电竞赛事的营销方案都是围绕着赛事最终的营销目的进行的。在进行赛事营销之前,必须有一个明确的目的,赛事营销各个板块的活动根据这个目的进行。

2.3 系统性

电竞赛事的营销方案是由多个内容板块构成的,包括市场现状调查及 SWOT 分析、营销目标、营销任务分解、营销执行策略及营销费用和预算。每个营销内容板块既是独立的,又是和总方案息息相关的,每个营销内容板块都需要一个统一的方向来使得各个部分相互协调。

2.4 可操作性

编制的赛事营销方案用于指导赛事营销活动,其指导性涉及营销活动中每个人的工作环节。不易操作的方案势必会浪费大量的人力、物力和财力,影响最终的营销效果。因此赛事营销方案的可操作性十分重要,不能操作的方案,创意再好也无任何价值。

2.5 稳定性

赛事的营销需要相对的稳定性,避免过大的变动。所有赛事营销的相关部门都会围绕赛事营销方案进行准备和执行。如果赛事的营销方案产生较大的变动,会不利于赛事营销项目的进行,不利于赛事计划的安排,容易使各部门之间的权责混乱而导致赛事营销整体统筹难度增加。

◯ 任务 3　电子竞技赛事营销方案的案例分析

以 2019 年 DOTA2 赛事"MDL 国际精英邀请赛 MDL 成都 Major 营销方案"部分内容为例：MDL 成都 Major 于 2019 年 11 月 16 日至 11 月 24 日在成都城南新区新世纪城国际会展中心正式举办，是继华西村、上海、无锡、厦门、武汉、澳门、长沙、澳门、巴黎九届赛事后举办的第十届自主品牌赛事。营销方案主要内容为围绕 MDL 成都 Major 项目所展开的营销宣传计划，计划在垂直媒体、微博、微信、自媒体 KOL、校园地推等渠道对本次项目展开有效营销，达到用文字、图片、视频等多个维度全面宣传报道公司赛事内容，推广 Mars 耀宇传媒品牌和提升 MDL 赛事品牌影响力，推广销售 MDL 大麦网赛事门票等多个目的。

图 5.9　MDL 成都 Major 赛事海报及 Logo

任务目标

对本任务方案的案例，作一个了解

任务描述

本任务所描述的案例并非完整和系统。具体可操作的赛事营销方案是非常详细的。通过本任务的学习，旨在使读者更直观了解赛事营销方案大致的内容和制定过程。

3.1　优劣势分析

优势一，新赛季唯一落户中国的 Major：2017—2018 年 DPC 积分赛事中，Mars 耀宇传媒与完美世界官方同时在中国承办了 Major 级中国落地赛事，2018—2019 年 Major 级 DPC 积分赛举办方仅有 ImbaTV 的重庆 Major，此次 2019—2020 赛季 Mars 耀宇传媒承办的唯一一个中国 Major 对于普通受众用户来说有着非凡意义，鉴于 2021 年 DOTA2 在国外举办，该赛事是真正意义上 2019—2020 赛季唯一在中国落地的最大规模 DOTA2 赛事。

优势二，国人自主品牌成功延续十届：MDL 成都 Major 是公司自主成功举办的第十届 MDL 赛事，历年来资本疯狂介入，电竞圈野蛮生长，各种级别不同的比赛层出不穷，但大多昙花一现，无法持久（如 WCA、WESG 等）。MDL 作为连续 6 年 10 届国人自主品牌赛事，能够在举办过程中不断完善并得到 Valve 官方的认可，成为 Major 级别赛事，实属不俗，这也是成都 MDL Major 宣传中的一大亮点特色。

优势三，国内外俱乐部重组新阵容首次亮相舞台：TI9 后 DOTA2 环境格局大更新，冠军奖金破亿，OG 二连冠和中国战队大失利这三大事件，使中国国内和国际电竞圈都有了前所未有的危机感和拼搏欲望，OB 解说天团发起 OB 青训活动，组建 OB 青训一队二队誓言参赛 Major/Minor 取得成绩冲击 TI、Aster、KG、EG、VP 等国内外一线强队，已经通过转会重组组建出了全新又强大的参赛阵容，MDL 成都 Major 将是这些新阵容强队的首秀，也是本次比赛的一大看点。

优势四，成都市高新区人民政府的官方扶持：根据 MDL 赛事申请政府补贴文件的相关承诺以及内容，媒介计划在宣传过程中突出 MDL 赛事将配合成都市政府与各级指导单位积极推动成都本地的电竞体育文化发展，打造出具有成都特色的电竞自主 IP、电竞品牌效应、电竞国际化与电竞城市名片。

劣势一，LGD、OG 等世界强队已确认不参赛：根据网络已知消息，LGD、OG 等世界顶级强队将因为队员手术、队员休假等原因缺席首个 Major/Minor 预选赛。TI9 顶级强队的缺失将对 MDL 成都 Major 的看点产生一定影响，不可避免地会损失一定的关注人群和收视率。

劣势二，成都 DOTA2 氛围及观众基础比重庆好，但不及武汉与长沙：根据市场中心媒介从当地媒体以及地推供应商方面得到的确切消息，成都 DOTA2 氛围以及观众基础，不及拥有 ZSMJ、小八等大量本地 DOTA2 选手的湖南长沙、湖北武汉等地，但优于重庆（如 ImbaTV 举办的重庆 Major）。大麦网门票销量预期应低于长沙表现，因此 MDL 门票销售配套的网络推广宣传及校园地推宣传显得更为重要。

劣势三，没有当地 DOTA2 KOL：MDL 长沙比赛期间，因为湖南长沙本地职业选手辈出，赛事在执行以及宣传过程中获得了大量 DOTA2 当地 KOL（如 OB 天团、小八等）的全程出镜和大力转发支持，据媒介了解成都几乎没有成名的 DOTA2 选手或俱乐部（原 Wings 职业俱乐部基地及选手主要都在四川和重庆）。

3.2　主要媒体营销内容及相关营销目标

MDL 成都 Major 市场中心媒介主要营销内容：

垂直媒体及其他媒体赛事宣传，事件营销；官方网站、微博、微信公众号自主渠道发布宣传；DOTA2 KOL 联动宣传；成都线下落地高校地推宣传；MDL 成都 Major 相关网络水军及直播平台弹幕水军。

MDL 成都 Major 市场中心媒介工作营销目标：

大麦网 MDL 成都 Major 门票销售量达 90% 以上；新浪微博话题量增长 5 000 万；MDL

成都 Major 发稿量回链数超过 600 篇,并能够截图报告 30 家主要垂直媒体广告推荐位及专题位;深入成都高新区周边至少 10 所 985/211 级别高校并通过照片、截图形式证实媒介对学校内摊位、宿舍楼、QQ 群、微信群进行长期而有效的赛事和门票销售宣传。

在新浪微博、DOTA2 贴吧、超级玩家、NGA 等 DOTA2 社区和斗鱼、虎牙直播平台组织有效的水军宣传引导舆论正确方向,并及时应对处理可能发生的赛事危机公关事件。

3.3 邀请媒体名单和媒介媒体营销预算

因 MDL 澳门站预算问题仅邀请 5 家媒体,MDL 巴黎迪士尼预算问题仅邀请 2 家媒体,MDL 成都 Major 重回中国举办,市场中心媒介总计邀请以下 20 家媒体、10 位 DOTA2 视频自媒体 KOL(25~30 人),邀请媒体数量与 ImbaTV 重庆 Major 相同。媒体名单如表 5.1 显示,媒介媒体营销预算如表 5.2 所示。

表 5.1 邀请媒体名单

序号	媒体名称	序号	媒体名称
1	电子竞技	11	UUU9
2	体坛周报	12	CIG
3	Max+	13	游民星空
4	新浪电竞	14	易竞技
5	大电竞 APP	15	178
6	NGA	16	全球电竞网
7	凤凰网	17	太平洋电竞
8	兔玩网	18	超级玩家
9	15W	19	techweb
10	vpgame	20	电竞日报

表 5.2 市场中心媒介媒体营销预算

项目	数量	单价/元	总计/元
媒体车马费	30	500	15 000
水军推广	1	5 000	5 000
交通费用	30	200	6 000
差旅费用	0	0	0
住宿费用	0	0	0
备用金	1	5 000	5 000
总计			31 000

模块思考题

（1）与其他赛事营销方案相比，电子竞技赛事营销方案有哪些特点？

（2）电子竞技赛事营销的各个过程有无严格的顺序？

（3）撰写一份小型电子竞技赛事的赛事营销方案。

　　　　选取一项你喜欢的电子竞技赛事，了解其赛事营销内容，将了解到的内容做成 PPT，并结合本模块所学内容与同学进行讨论。

参考文献

［1］郭国庆.市场营销学通论(第六版)[M].北京:中国人民大学出版社,2014.

［2］戴维·希伯里,谢恩·奎克,汉斯·韦斯特比克.体育营销学[M].北京:清华大学出版社,2004.

［3］科特勒.市场营销管理:亚洲版[M].北京:中国人民大学出版社,1997.

［4］斯特德曼·格雷厄姆,莉萨·德尔匹·尼罗蒂,乔·杰夫·戈德布拉特.体育营销指南(第 2 版)[M].北京:中信出版社,2003.

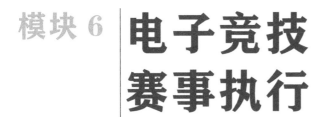

模块 6　电子竞技赛事执行

项目1
电子竞技赛事前的执行工作

知识目标

（1）了解电子竞技赛事申办和审批的要求

（2）了解电子竞技赛事相关人员的培训内容

（3）了解电子竞技赛事相关单位的沟通内容

开篇案例

小张作为业界新人参与了某场电竞赛事前的执行工作。赛事结束后，他在工作笔记中记下如下内容：赛事前的执行工作包括赛事的申办和审批、物资的准备和调试、相关人员培训、有关单位沟通协调等。

电竞赛事执行前的工作主要是为赛事的顺利进行，在物料设备、人力资源和可行性条件上做必要的准备。

◎ 任务1　赛事的申办和审批

任务目标

了解不同规格赛事的申办和审批要求

任务描述

体育赛事的审批使得体育赛事能够在有效监管下进行，主办方了解体育赛事的申办和审批条件，利于体育赛事顺利进行。

1.1　体育赛事的申办和审批

国家体育总局《体育赛事活动管理办法》[①]规定：体育赛事活动应当坚持政府监管与行业自律相结合的原则，实行分级分类管理，加强事中事后监管，优化体育赛事活动服务。国家体育总局（以下简称体育总局）负责全国范围内体育赛事活动的监管，县级以上地方人民政府体育主管部门（以下简称地方体育部门）负责所辖区域内体育赛事活动的监管。

不同规格的赛事有不同的申办和审批条件，具体可见《体育赛事活动管理办法》中关于赛事申办和审批的具体要求。

---

① 国家体育总局.体育赛事活动管理办法（国家体育总局第 25 号令）[EB/OL].（2020－03－16）[2021－02－08].http://www.sport.gov.cn/n316/n340/c945121/content.html.

第二章　体育赛事活动申办和审批

第六条　体育总局以及中华全国体育总会、中国奥林匹克委员会主办的全国综合性运动会，由省、自治区、直辖市人民政府按照综合性运动会申办管理规定申办，报国务院批准后举办。

地方体育部门以及地方体育总会主办的所辖区域内的综合性运动会自行确定申办办法。

第七条　申办国际体育赛事活动，应当按照程序报批，未经批准，不得申办。

以下国际体育赛事活动需列入体育总局年度外事活动计划，并按照有关规定和审批权限报体育总局或国务院审批：体育总局主办或共同主办的重要国际体育赛事活动，国际体育组织主办的国际综合性运动会、世界锦标赛、世界杯赛、亚洲锦标赛、亚洲杯赛，涉及奥运会、亚运会资格或积分的赛事，全国性单项体育协会主办的跨省（区、市）组织的国际体育赛事活动，涉及海域、空域及地面敏感区域等特殊领域的国际体育赛事活动。

体育总局相关单位或全国性单项体育协会主办，或与地方共同主办但由体育总局相关单位或全国性单项体育协会主导的国际体育赛事活动，需列入体育总局外事活动计划，原则上由有外事审批权的地方人民政府或其有关部门审批。

地方自行主办，或与体育总局相关单位或全国性单项体育协会共同主办但由地方主导的国际体育赛事活动，由有外事审批权的地方人民政府或其有关部门审批，不列入体育总局外事活动计划，但应统一向体育总局备案。

其他商业性、群众性国际体育赛事活动，应当按照属地管理原则，根据地方有关规定办理外事手续。

参加以上体育赛事活动人员的来华邀请函、接待通知等相关外事手续，按照"谁审批谁邀请"的原则办理。

第八条　健身气功、航空体育、登山等运动项目的体育赛事活动，另有行政审批规定的，按照规定程序办理。

第九条　境外非政府组织在中国境内举办的体育赛事活动，应当经省级人民政府体育部门同意，并报同级公安机关备案。

全国性单项体育协会代表中国参加相应的国际单项体育组织，任何组织和个人在中国境内主办或承办相应的国际单项体育组织的体育赛事活动，应当与全国性单项体育协会协商一致。

第十条　除第七、八条规定外，体育总局对体育赛事活动一律不做审批，公安、市场监管、卫生健康、交通运输、海事、无线电管理、外事等部门另有规定的，主办方或承办方应按规定办理。

地方体育部门应当按照国务院、地方人大和政府的相关规定，减少体育赛事活动审批；对保留的审批事项，不断优化服务。

地方体育部门应当积极协调推动地方人民政府,根据实际需要建立体育、公安、卫生等多部门对商业性、群众性大型体育赛事活动联合"一站式"服务机制或部门协同工作机制。

机关、企事业单位、社会组织和个人均可依法组织和举办体育赛事活动。

机关、事业单位、体育协会举办体育赛事活动,应当公开、公平、公正选择承办方,并鼓励和支持社会广泛参与。

关于体育赛事申办和审批的其他内容,可见附录《体育赛事管理办法》。

1.2　电子竞技赛事的申办条件

申办条件主要是针对赛事主体而言的,赛事主体主要包括主办方和承办方。主办方是赛事的发起者,可以是游戏商家、运营商、政府部门、其他企业或个人。承办方是赛事的具体组织单位,负责赛事活动的策划和运营管理,可以是体育公司、电视媒体等。无论是主办方和承办方,都须具备一定的赛事申办条件。

电子竞技赛事主办方需具备的条件可见《全国电子竞技竞赛管理办法(试行)》[①]对主办方提出的条件和材料要求。

《全国电子竞技竞赛管理办法(试行)》(部分)

第五条　申请举办电子竞技比赛的单位和个人(以下简称"主办方"),必须具备下列条件:

(一)能够独立承担民事责任;

(二)有能力执行全国体总秘书处制订的有关运动规程和规则;

(三)有与比赛规模相当的组织机构和具有相当专业知识的管理人员;

(四)有与比赛规模相应的经费和设备;

(五)使用的比赛设备符合中国电子竞技运动技术规则规定的设备标准;

(六)有符合治安、消防、卫生和环境保护条件的适宜场所;并全面负责赛场秩序等安全保卫工作;

(七)有符合要求的医疗救护设备和人员;

(八)主办方应当为参赛运动员办理保险,或者参赛运动员应当为自己办理保险后方能参赛;

(九)有应对突发事件的能力;

(十)具备有关法律、法规规定的其他条件。

第六条　举办全国性电子竞技比赛,必须提前3个月提出申请;举办国际性电子竞技比

---

① 国家体育总局.全国电子竞技竞赛管理办法(试行)[EB/OL].(2006 - 11 - 30)[2021 - 02 - 08].http://esport.sport.org.cn/gfgg/2006-11-30/1208265.html.

赛必须提前 6 个月提出申请。

第七条　主办方应当提交下列文件材料：

（一）体育竞赛申请表（地方体育行政主管部门印制、发放）或主办方法定代表人签署的申请书并加盖公章；

（二）主办方及主要负责人身份证件或登记、注册的证明材料及复印件（加盖公章）；

（三）竞赛规程、筹备实施方案、安全工作方案、医疗保障措施和突发事件应急预案。竞赛规程，包括比赛的名称、主办单位名称、承办单位名称、宗旨、竞赛项目、时间、地点、参加单位、参加办法、竞赛办法、竞赛规则、奖励办法等；

（四）比赛主要组织机构人员名单；

（五）经费来源和经费预算报告；

（六）竞赛场地所有人或主管单位同意使用的证明；

（七）票务销售或有偿赠送实施方案；

（八）按时、足额兑现奖金的承诺书；

（九）省级体育主管部门同意举办比赛的批准文件。

电子竞技赛事承办方需具备的条件可参考《电子竞技赛事管理暂行规定》[①]对由国家体育总局体育信息中心主办、合办或指导的电子竞技赛事活动对承办方提出的条件要求。

《电子竞技赛事管理暂行规定》（部分）

第九条　申请承办电子竞技赛事的组织（以下简称"承办人"），应当具备下列条件：

（一）能够独立承担民事责任；

（二）拥有与经营范围和赛事规模相适应的组织机构和专业管理人员；

（三）具有完备的赛事组织实施方案；

（四）拥有与赛事规模相适应的经费；

（五）具备赛事所需的场地、设施和器材。

第十条　承办人向信息中心提交的承办意向书应列明下列事项：

（一）名称，包括赛事名称、承办单位名称等；

（二）举办赛事的宗旨；

（三）经费的来源和预算；

（四）赛事的筹备实施方案，包括组织方案、接待方案、工作计划、赛事安全方案、应急预案、奖金承诺书等；

（五）其他需要说明的事项。

---

① 国家体育总局.电子竞技赛事管理暂行规定[EB/OL].（215－07－24）[2021－02－08]. https://www.sport.gov.cn/xxzx/n11032/c671903/content.html.

○ 任务 2　物资的准备、调试和相关人员的培训

任务目标

　　了解电子竞技赛事需培训的相关人员及其内容

任务描述

　　赛事前需培训的人员较多,一般包括竞赛部、内容制作部、后勤部等部门的人员。

2.1　物资的准备调试

　　物料设备的准备需使用事先准备好的物料设备表,便于物料设备的添置、清点、安装和调试等(设备表格在模块 3 中已有描述)。除了设备的准备,设备调试也十分重要,设备调试可以提前发现设备存在的问题,尽可能排除比赛中的故障因素。

2.2　相关人员的培训

　　在电竞赛事开始前,需对相关人员进行培训,确保比赛顺利进行。培训一般以比赛秩序册或竞赛规程为依据,告知每一个环节的工作人员相应的工作职责。需培训的人员部门主要是竞赛部、内容制作部和后勤部。

○ 任务 3　竞赛人员和相关人员的培训

3.1　竞赛部的培训[①]

　　竞赛部的培训主要是以会议形式进行,主要包括裁判员、领队、教练员联席会,裁判员业务学习会和仲裁委员会三个会议。一般这三项会议在体育赛事开始的前一至两天举行。

3.1.1　裁判员、领队、教练员联席会

　　裁判员、领队、教练员联席会主要内容包括:介绍组委会关于竞赛方面的决议、规定,以及竞赛规程和相关活动安排等。同时还包括思想教育、行为文明、安全卫生、生活管理等要求以及特别奖(如道德风尚奖、最佳运动员奖)等奖项的评选细则。

3.1.2　裁判员业务学习会

　　裁判员业务学习会的内容主要包括:强调裁判员在工作中的作用、介绍裁判员的工作职责、组织裁判员学习讨论裁判分工细则和现场实操、介绍竞赛规则,尤其是统一细节上的裁判尺度、思想教育等。

---

① 樊智军.体育赛事的管理与组织[M].北京:人民体育出版社,2007.

3.1.3　仲裁委员会

仲裁委员会的主要内容包括:研究赛事规程,规定各参赛队伍在竞赛中提出申诉的程序和方法,在技术问题上统一标准和解释原则,并将这些问题在教练员、领队联席会上进行阐述。

除了上述三种会议,根据比赛需要,可能还有为全体赛事相关人员举行欢迎会、安排竞赛部工作人员对比赛的开幕/颁奖等环节进行彩排等工作。

3.2　内容制作部的培训

内容制作部主要包括导演组、导播与摄像组、现场执行部、赛事内容周边制作组等。内容制作部的培训除了介绍职责分工,必要时还要进行赛事彩排。

3.3　后勤部的培训

后勤部承担着物资、安全、卫生、技术、运输等保障职责。在培训相关人员时要尽可能讲清职责,分工明确。

任务 4　有关单位的沟通与协调

任务目标

了解电子竞技赛事前需沟通协调的部门及其内容

任务描述

赛事前沟通协调有关单位,是为了保障比赛顺利进行,沟通的内容主要包括安全、合规性、衣食住行等。

在赛事开始前,需与相关单位进行沟通,协调整个赛事过程的各项工作。一般大型赛事尤其是政府主办的大型赛事,除了正常地向有关单位申报外,还需寻求一些部门的支持,包括公安部门、交通部门、工商部门、医疗卫生部门等。

4.1　公安部门

大型赛事是恐怖分子"偏爱的目标",如:1972 年奥运会、2008 年斯里兰卡马拉松都曾遭遇恐怖袭击。同时大型赛事因为人员数量多,身份复杂,容易产生冲突,所以就需要寻求公安部门的支持,由他们组织安保工作。一般小型体育赛事只需由赛事方自行组建安保队或者购买安保公司服务。

4.2　交通部门

赛事有关的交通主要包括人员运输、器材设备运输和物资运输。当分析认为赛事相关活动可能会阻碍交通时,应提前请求交通部门至现场疏导交通。

> **扩展阅读**

北京奥运会十大奥运智能交通管理系统[①]

在一些大型体育赛事中,寻求交通管理部门的支持是十分有必要的。在 2008 年北京奥运会中,北京市公安局公安交通管理局就为保障赛事期间交通安全、顺畅,就建设了十大奥运智能交通管理系统。

一、现代化的交通指挥调度系统

该系统集成了电视监控、交通信号控制、诱导显示、单兵定位等多个应用系统的相关数据,通过制定的预案进行智能化的指挥调度。依托交通指挥调度系统,我局建立了由现代化的奥运交通指挥中心、仰山桥交通勤务指挥中心和 38 个场馆群交通指挥所组成的三级奥运交通指挥科技体系。对社会交通和奥运交通进行有效组织、精确管理,保证奥运交通和社会交通有序并行、和谐运转。

遇有突发事件,指挥人员通过警力定位系统,实时掌握全局路面警力部署,动态调整警力投入;也可以根据需要,调派装备卫星通信、无线传输、图像采集等科技系统的交通指挥通信车赶赴现场,实现快速反应,扁平指挥。同时,在指挥调度集成系统可视化的图形界面下,可以按照预案同步实现电视监控、交通控制和交通疏导等多个技术系统联动,一方面利用信号系统对事件周边路口、快速路出入口进行控制,减少附近车辆向事件地点的汇聚,另一方面利用路侧大型可变情报信息板发布诱导信息,提示附近驾驶员绕行,缓解事件点段交通拥堵。

二、交通事件的自动检测报警系统

奥运会期间,由安装道路上的上百台交通事件检测器等组成的交通事件检测系统,可在第一时间发现交通事故、路面积水等各种意外事件,自动报警并对事件过程全程录像,在指挥中心实时显现,指挥人员使用警力定位系统迅速显示事件区域的警员、警车分布,指派最近民警在最短时间内到达现场进行处置。意外事件自动报警应用以来,对交通意外事件的处置时间平均减少 3 至 5 分钟,大大提高了对交通意外事件的快速反应和处置能力,确保城市主干道的安全与畅通。

三、自动识别"单双号"的交通综合监测系统

遍布全市快速路、主干路网和奥运专用路线,交通综合监测系统的上万个检测线圈、超

[①] 北京市公安局公安交通管理局. 10 大奥运智能交通管理系统保障奥运交通服务公众出行[EB/OL]. (2008 - 07 - 13) [2021 - 5 - 16]. http://jtgl.beijing.gov.cn/jgj/jgxx/94246/95332/121843/index.html.

声波、微波设备,是城市交通管理的神经末梢,24 小时自动准确采集路面交通流量、流速、占有率等运行数据。系统还能对每天上路的几百万车辆进行自动检测,包括违反"单双号"限行规定等多种违法车辆,为保证道路的通畅,创造良好的交通环境提供强有力的技术支撑。

四、数字高清的奥运中心区综合监测系统

在奥运中心区,建成的基于高清数字化技术的综合监测系统,实现了对进出中心区车辆的全时空、全方位监测。这个系统的路面监测设备把原来视频监控、流量统计、车辆识别、事件检测、违法检测等 5 种功能融为一体,一个设备替代多个设备,如此高集成度的应用在我国也是首次。

五、闭环管理的数字化交通执法系统

固定安装在路面上的 1100 套的电子警察全部联网,对闯红灯、超速等 9 种路面违法行为进行 24 小时自动监测,并将违法信息上传中心数据库,与 42 个车辆检测场、车管所、执法站高度共享,实现了科学的闭环执法管理。此外,利用移动的巡逻警车车载交通监测设备,在行驶过程时随时随地无线联网中心数据库,对过往车辆进行实时检测、抓拍,自动识别逾期未检、套牌车等涉车交通违法行为,可每小时检测车辆 2200 辆左右,从识别到系统终端报警不超过 1 秒。

六、智能化的区域交通信号系统

根据北京路网结构和行人、机动车、非机动车混合的交通特点,我局在城区建成了交通信号区域控制系统,系统通过埋设在路口的交通流检测器采集到的交通流信息,对路口交通信号进行实时优化,可以实现单点的感应优化控制、干线绿波协调控制和区域优化协调控制。可以在中心随时查看路口信号控制的实时显示界面。近两千台信号机在计算机自动控制下协调联动,实时检测并根据路网流量变化,在高峰时进行最大通行量控制、在平峰时进行协调控制、在低峰时进行感应自适应控制。能够通过合理调整车辆通行时间来优化车辆在道路空间的分布,大大提高了路口、路段的放行效率,增强路网整体管控能力,路网综合通行能力提高 15%。另外,在奥运中心区内的信号灯控路口,还首次增加了行人过街绿灯倒计时和盲人语音提示功能,最大限度提供人性化服务,礼让民权、保障行人安全。

七、灵活管控的快速路交通控制系统

快速路网,也就是我们常说的环路及其联络线,是我市道路交通的主动脉,承担了城区一半以上流量,也是奥运专用路线的组成部分。我局建成了目前世界上最大规模最智能化的快速路交通控制系统,利用设置在二、三、四环及其联络线主要出入口的信号灯,根据流量变化自动关闭和开启出入口,对进出快速路交通流进行智能控制。在快速路主路流量达到拥堵警示标准时,通过信号灯控制进出主路车流,诱导司机从辅路通行。当快速路主路出口由于拥堵造成车流不畅时,出口信号灯控制出口上游辅路车流量,为主路出口提供更为顺畅的通行条件,保证主动脉的畅通;并通过可变信息板及时提示驾驶员选择路线,注意

进出口车辆,有效预防出入口交通事故。

八、公交优先的交通信号控制系统

优先发展公共交通是缓解城市交通拥堵,改善城市交通环境的根本出路。奥运期间,我局在已经施划公交车道和奥运专用道的道路上,建设了 126 个具有公交优先控制的信号灯路口。当公交车辆通过这些路口时,设置在道路上的公交车辆检测器将检测到的公交车辆信息传送给信号控制系统的计算机,计算机根据当前路口的信号放行状态和流量情况,或是缩短另一方向的放行信号时间,或是延长本方向的绿灯放行时间,使公交车辆在路口的延误时间最短,达到优先放行的目的。充分满足大容量、高速度的客运需求,为奥运大家庭成员、观赛人群提供高效、快捷的交通服务。

九、连续诱导的大型路侧可变情报信息板

利用分布在全市主干路、环路的 228 块大型路侧可变情报信息板,每两分钟一次将本区域个性化的,以红、黄、绿三种颜色分别表示拥堵、缓行和畅通的实时路况信息,提供给道路交通参与者,同时,每天发布奥运交通管制、道路限行、绕行路线等交通服务信息上千条,实现对奥运车辆和社会车辆的全程连续诱导。

十、交通实时路况预测预报系统

系统对交通检测设备采集来的全市路网交通流数据,进行深层次挖掘分析,准确掌握实时的路网运行状态,并通过预测预报数学模型,预测路网流量变化。在该系统的支持下,利用互联网站、手机 WAP 网站和各种媒体,为广大民众提供最权威、最及时、最准确的个性化交通信息服务。不仅包括实时交通路况信息、交通管制信息,而且提供交通预报和行车路线参考,做到随时随地贴身服务。

4.3　工商部门

赛事在举办过程中涉及公共空间的利用问题。如需占用场馆周边公共区域或在建筑物外墙刊登广告,就需要提前与工商部门沟通,获得批准。

4.4　医疗卫生部门

在传统体育赛事中,运动员会经常出现激烈的身体对抗、消耗大量体能等情况,存在较高的伤病风险,因此在大型赛事中需寻求医疗部门的支持,由医疗部门委派医护人员和救护车至现场待命。电子竞技赛事中,参赛选手虽然不存在肢体接触,受伤情况较少,但比赛现场人员众多,仍需重视制定医疗保障措施。

除了医疗部门,还应寻求卫生部门的支持,制定卫生监督方案,对比赛场馆、食宿接待场所等重点区域进行监督检查,消除卫生隐患。有时根据需要,还应制定预防和控制传染病、流行病等多发性疾病的措施。

4.5 食宿单位

除了相关部门的沟通,在赛事开始前应和供餐公司、住宿酒店等单位就服务人数、质量、规格以及其他细则进行对接。

列一张表格,将电竞赛事前的执行工作写下来。思考除了本项目所列举内容,还需要做哪些赛事前的执行工作。

项目 2
电子竞技赛事中的执行工作

知识目标

　　了解电子竞技赛事中的执行工作内容

开篇案例

　　在某场电竞赛事中，小张被派予监督现场执行情况的任务。于是他拿出四大法宝：工作分解结构(WBS)、赛事日程表(Scheduling)、甘特表(Gantt Charts)、赛事执行组图，顺利完成了任务。

　　一场电竞比赛，要经过主办方发起意愿、赛事策划、赛事招商、赛事推广、赛事运营等一系列工作的推进，才能来到最后的执行环节。根据电子竞技赛事的流程节点，赛事的执行环节是整场比赛中最重要也是最吸引观众注意力的环节，前期所有的准备都是为了执行工作的顺利展开而进行的铺垫。因此主办方或赛事运营人员在赛事推广工作开始之前要制定好完整的执行方案，每个环节的时间要安排合理，并且能根据赛事的具体进展和变化灵活调整，使赛事正常有序推进。

　　电子竞技赛事是一种项目管理型的综合性赛事，其具体的执行工作涉及的组织部门与个人较为繁杂，前文介绍了在相关企业执行具体的电子竞技赛事项目时，会根据特定项目的性质和规模划分不同的组织结构。具体的电子竞技赛事运营涉及的部门包括组织部、竞赛部、内容制作部、宣传部、商务部、后勤部这六个常见的赛事运营组织。在这六个部门中，竞赛部与内容制作部是主要的赛事中的执行部门，涉及较多的执行工作。

　　进行电子竞技赛事的执行与落地的主体我们称之为赛事执行方，主要负责赛事的具体落地、运营等工作。比如在《英雄联盟》甲级职业联赛中，场馆的搭建、比赛的裁决、比赛的导播、比赛的直/转播、选手的管理、观众的管理等大部分赛事执行工作都是由赛事执行方完成的。在一个赛事中，赛事执行方可以有多个，每个执行方只负责一部分赛事的落地，共同运营一个赛事[①]。

　　在正式进行赛事执行工作时，首先要了解赛事的执行构成，以一个线下并获得直播的赛事为例，具体的赛事岗位可以细分为比赛、商务、内容、宣发、人员服务、直/转播、场地空间、报备审批几部分。

　　常见的赛事执行组图及其人员职责在模块 2 中已有详细介绍，这里不再赘述。常用的工

――――――――――

① 孙博文. 电子竞技的赛事与运营[M]. 北京：清华大学出版社，2019.

作分解结构(WBS)、赛事日程表(Scheduling)、甘特表(Gantt Charts)等在模块 3 中已有详细描述。

结合模块 2 和模块 3 的内容,谈一谈你对做好赛事中执行工作的看法。

项目 3
电子竞技赛事后的执行工作

知识目标

了解电子竞技赛事后的收尾工作有哪些

开篇案例

某场赛事结束后,按照计划赛事工作人员开始了紧锣密鼓的赛后执行工作,作为实习生的小张将这些工作一一记录了下来。

一场电竞赛事结束精彩激烈的对抗后,场上比赛结果已见分晓,但是对于一场完整的电竞赛事来说,还有一些常规的执行工作需要做,一般包含统计比赛结果、颁奖与答谢表彰、文件资料整理归档、实物资料回收、财务决算等。

◯ 任务 1　统计比赛结果和答谢表彰

任务目标

了解电子竞技赛事后如何统计比赛结果

任务描述

本任务较简单,作大致了解。

1.1　统计比赛结果

在比赛开始前,竞赛部要提前做好统计和公布成绩的各项准备工作。比赛开始后,要做好成绩和各项数据的统计,随时向相关人员和部门报告。比赛结束后,应迅速、准确地汇编成绩册,公布比赛成绩。

1.2　颁奖与答谢表彰

同传统体育赛事一样,电子竞技赛事结束后,一般会举行颁奖仪式,给予获胜战队或选手表彰和奖励。获奖选手或战队的奖励通常包括奖杯、奖牌以及奖金等。2015 年全球电子竞技赛事奖金高达 7 100 万美元,在这 7 100 万美元中,《DOTA2》《英雄联盟》《反恐精英:全球攻势(CS:GO)》这三个项目的奖金名列前三,《DOTA2》全年奖金总额高达 3 100 万美元,TI5 的总奖金达到了 1 800 万美元,再次刷新了电子竞技单项赛事的奖金纪录,位居 2015 年全球所有体育赛事的第 15 位。这从侧面反映了电竞赛事迅猛发展的势头。

表 6.1　2015 年全球体育赛事奖金排行

排行	赛事	总奖金/万美元	冠军奖金/万美元
1	欧冠联赛	140 100	6 144
2	F1 大奖赛	88 000	12 600
3	足球世界杯	57 600	3 500
4	欧联杯	42 900	1 726
5	拳击世纪大战	36 500	24 000
6	足球欧洲杯	22 000	2 649
7	世界扑克系列赛	6 100	1 000
8	美网大满贯	4 300	330
9	温网大满贯	4 060	290
10	环法自行车赛	3 608	50.7
11	高尔夫联邦快递杯	3 500	1 000
12	澳网大满贯	3 180	253
13	法网大满贯	2 950	190
14	迪拜赛马世界杯	2 725	1 000
15	《DOTA2》国际邀请赛	1 800	635
16	NBA 季后赛	1 400	410
17	田径钻石联赛	800	4
18	田径世锦赛	719	6
19	游泳世锦赛	550	2
20	斯洛克世锦赛	209	46

当然,每场电子竞技赛事的成功是所有活动参与者共同努力的结果。在电子竞技比赛结束之后,除了要对获奖团队和个人进行表彰之外,对参与赛事的其他工作人员(裁判员、工作人员和志愿者等),或支持比赛的有关协作单位(所有赞助商、供应商、媒体、医护人员、交通人员等),也要进行必要的表彰与答谢,以对他们在本次赛事中做出的贡献进行充分的肯定。对赛事举办机构来说,表彰活动其实是一个重要的公关活动,是维系赛事组织方与其他利益相关者良好关系的有效方式之一,可以提升赛事举办机构的良好形象。

◎ 任务 2 整理归档文件资料和回收实物资料

任务目标

了解文件和实物资料的整理回收要求

任务描述

本任务较简单,作大致了解。

2.1 整理归档文件资料

在整个电子竞技赛事中,相关资料的收集、整理与归档都是赛事执行最后收尾的重要部分,因为这些资料既是对电子竞技赛事相关环节的综合反映,也是为日后举办同类型赛事提供参考的依据。资料包含文件类和音像类两大类。在整理文件类材料时,一般要一式两份,其中原始文件上交有关部门存档。音像类资料除了提交原制品外,还可另外提交一份复制品以作备份。

2.2 回收实物资料

在电竞赛事的收尾过程中,除了文件类、音像类资料,还有实物类资料,例如纪念章、奖章、奖杯、杂志、器材等。将相关实物资料清点与回收是非常重要的一项工作,各个部门在比赛结束后都要将赛前购置或借用的各种器材、物资进行归类和清点,及时上交给负责的相关部门。在对实物类资料清点时,要注意以下几点要求:

(1) 做到分类明确、数据准确、实事求是。

(2) 做好详实而准确的记录,做到有据可查。

在进行物资清点时,可以借助清点表格,具体如表 6.2 所示。

表 6.2 器材和物资统计

序号	名称	规格	数量	经办人	领取人	领取日期	收回数量	收回日期	备注

○ 任务 3　财务决算和其他

任务目标

了解财务决算的内容

任务描述

财务知识在模块 3 中已有详细介绍，本任务只需简单了解。

3.1　财务决算

在模块 3 中，已经说明在电子竞技赛事策划阶段需要制定详细的财务计划，而财务计划只是一种预算，在赛事完成后需要对财务进行决算，用以判断赛事经营的效率和赛事目标是否达成，并为利润分配提供依据。财务决算同样用财务报表表示。

在赛事结束后，现金流量表已经基本填写完成，出纳人员需要对各个项目的资金流动额进行检查校正，并对各项目进行整合计算，得出小结，如：计算赛事活动现金流入小结等。最后再根据各个项目的小结，算出现金及现金等价物净增加额、初期现金及现金等价物余额和末期现金及现金等价物余额等。

成本决算是财务决算的另一项内容。与策划时的成本预算不同，成本决算算出的是真实的具体的赛事成本。一般而言决算出的成本与预算成本相近，可以反映出赛事运营者的运营水平较高。赛事成本的决算最重要的目的是算出赛事利润。

利润表是综合现金流量表和成本决算表等内容得出的报表，反映了赛事运营的成果，为赛事总结提供依据。有时赛事相关利益者较多，为了利润的合理分配，还要制作利润分配表来作为利润表的附表。

有时根据需要，财务决算报表需与管理分析、财务预算表、财务情况说明书等内容制成财务报告。

3.2　其他

赛事的执行收尾工作涉及方方面面，其中最后一项工作是开赛事总结会。总结会应对电竞赛事的赛前准备、执行、收尾等各个重要阶段和重点方面进行分析，总结经验，以期为下次比赛提供参考。在大型活动中开总结大会是非常重要的一个环节，总结活动结束后，也意味着一场比赛真正意义上的结束。总结前需要对赛事进行评估，赛事评估将在模块 7 中详细介绍。

实战训练

假如你作为某项电竞赛事后执行工作的负责人，你会安排哪些人做哪些工作呢？谈谈你的看法。

参考文献

［1］国家体育总局.体育赛事活动管理办法(国家体育总局第 25 号令)［EB/OL］.(2020 - 03 - 16)［2021 - 02 - 08］. http://www. sport. gov. cn/n316/n340/c945121/content. html.

［2］国家体育总局.全国电子竞技竞赛管理办法(试行)［EB/OL］.(2006 - 11 - 30)［2021 - 02 - 08］. http://esport. sport. org. cn/gfgg/2006-11-30/1208265. html.

［3］国家体育总局.电子竞技赛事管理暂行规定［EB/OL］.(215 - 07 - 24)［2021 - 02 - 08］. https://www. sport. gov. cn/xxzx/n1032/c671903/content. html.

［4］樊智军.体育赛事的管理与组织［M］.北京:人民体育出版社,2007.

［5］北京市公安局公安交通管理局.10 大奥运智能交通管理系统保障奥运交通服务公众出行［EB/OL］.(2008 - 07 - 13)［2021 - 5　16］. http://jtgl. beijing. gov. cn/jgj/jgxx/94246/95332/121843/index. html.

［6］孙博文.电子竞技的赛事与运营［M］.北京:清华大学出版社,2019.

［7］国家体育总局.体育总局关于印发《体育赛事管理办法》的通知［EB/OL］.(2017 - 01 - 11)［2021 - 02 - 08］. http://www. sport. gov. cn/n315/n331/n403/n1956/c785107/content. html.

附　录

体育总局关于印发《体育赛事管理办法》的通知①

体竞字〔2015〕190 号

各省、自治区、直辖市、计划单列市、新疆生产建设兵团体育局,总参军训部体育训练局、总政宣传文化体育局,各行业体育协会,各厅、司、局,各直属单位:

现将《体育赛事管理办法》印发给你们,请遵照执行。

体育总局

2015 年 12 月 21 日

体育赛事管理办法

第一章　总则

第一条　为进一步加强和规范全国体育赛事的管理工作,根据《中华人民共和国体育法》制定本办法。

第二条　本办法所称的体育赛事是指已在我国(不包括香港、澳门特别行政区)正式开

---

① 国家体育总局.体育总局关于印发《体育赛事管理办法》的通知［EB/OL］.(2017 - 01 - 11)［2021 - 02 - 08］. http://www. sport. gov. cn/n315/n331/n403/n1956/c785107/content. html.

展的体育运动项目的全国综合性和单项体育比赛。

第三条　在我国举办的国际综合性运动会、国际单项体育赛事的组织管理按照相应国际体育组织的有关规定执行。

第四条　举办体育赛事遵循谁主办谁负责的原则，实行分级分类管理。

国家体育总局（以下简称体育总局）负责对在我国举办的全国性体育赛事的监管。全国单项体育协会（以下简称全国单项协会）负责本项目全国性体育赛事的具体监管。各省（区、市）政府体育主管部门或地方单项体育协会（以下简称地方单项协会）以及全国行业体育协会负责对本地区、本行业的相关体育赛事的具体监管。

第二章　体育赛事分类

第五条　全国性体育赛事：

（一）体育总局主办的全国综合性运动会，包括全国运动会、全国冬季运动会、全国青年运动会；

（二）全国单项协会主办的全国性单项体育赛事，包括但不限于《全国性单项体育协会竞技体育重要赛事名录》（以下简称《赛事名录》）内所列举的竞赛；

（三）全国单项协会主办的涉及国家安全、政治、军事外交等方面的特殊项目赛事：即健身气功和航空项目的全国性和跨省、区、市的体育赛事；

（四）全国性行业体育协会主办的相关体育赛事。

第六条　地方性体育赛事：地方政府体育主管部门或地方单项协会主办的综合性或单项体育赛事。

第七条　我国举办的国际性体育赛事：

（一）A类赛事：由国际体育组织主办的综合性和单项体育赛事；由体育总局主办或参与主办的重要国际体育赛事；由体育总局相关单位或所属全国单项协会主办的跨省（区、市）的国际体育赛事，以及举办涉及海域、空域及地面敏感区域等特殊领域的国际体育赛事；

（二）B类赛事：由体育总局相关单位或所属全国单项协会主导，与地方共同主办或交由地方承办的国际体育赛事；

（三）C类赛事：地方自行举办的国际体育赛事；由地方主导，体育总局相关单位或所属全国单项协会参与主办、协办的国际体育赛事。

第三章　国内体育赛事申办

第八条　申办由体育总局主办的全国运动会、全国冬季运动会和全国青年运动会，由申办地省、自治区、直辖市人民政府按照现行的审批程序执行，报国务院批准举办。

第九条　全国单项协会主办的《赛事名录》内所列举的体育赛事，由主办单位自行确定承办单位和举办地点。

第十条　全国单项协会举办的特殊运动项目体育竞赛按照现行程序办理相关手续。

第十一条 商业性、群众性体育赛事取消审批，合法的法律主体（包括全国单项协会）均可依法组织和举办，自行确定或协商确定举办地点。

第四章 国际体育赛事申办

第十二条 申办 A 类国际体育赛事，需列入体育总局年度外事活动计划，按照现行规定和审批权限报体育总局或国务院审批。

第十三条 申办 B 类国际体育赛事，需列入体育总局外事活动计划，原则上由承办地有外事审批权的地方人民政府或有关部门审批。

第十四条 申办 C 类国际体育赛事，实行报备制，由地方有外事审批权的地方人民政府或有关部门审批。

第五章 体育赛事名称使用

第十五条 体育赛事的名称应当与实际内容一致。

第十六条 全国单项协会主办或作为主办单位之一的体育赛事，其名称可以使用"中国"、"全国"、"国家"、"中华"字样或具有类似含义的词汇。未经相关部门确认，其他体育赛事不得冠以"中国"、"全国"、"国家"、"中华"字样或具有类似含义的词汇。

第十七条 未经相应的国际体育组织确认，体育赛事名称不得冠以"世界"、"亚洲"字样或具有类似含义的词汇。

第六章 体育赛事组织工作规范

第十八条 全国综合性运动会竞赛组织工作按照体育总局制定的全国综合性运动会组织管理工作办法和相关规定实施。

第十九条 《赛事名录》内所列举的体育赛事，执行以下规定：

（一）执行本运动项目正式的国际规则和裁判法，以及全国单项协会的竞赛规则和规程，遵循公开、公正、公平的竞赛原则。

（二）执行体育总局和全国单项协会制定的裁判员选派监督管理规定和赛风赛纪的工作要求。

（三）执行体育总局和全国单项协会制定的竞赛经费使用的相关规定。

（四）执行国家的《反兴奋剂条例》，接受和配合国家反兴奋剂机构的检查工作。

（五）接受竞赛承办地人民政府相应主管部门的监管。

第七章 体育赛事赛区工作管理

第二十条 全国综合性运动会赛区组织工作按照体育总局制定的综合性运动会组织管理办法实施。

第二十一条 举办全国单项体育赛事，应当成立体育赛事赛区组织委员会（以下简称赛区组委会）和裁判、技术、仲裁、安全等有关专业机构，负责竞赛的筹备、组织和安全等工作。组委会成员中应当包括但不限于赛区当地政府或体育主管部门的代表。

第二十二条 赛区组委会应按照体育总局和全国单项协会制定的裁判员选派监督管

理办法对参与赛事工作的裁判员、辅助人员、赛区工作人员等进行监督管理。

第二十三条　赛区组委会应按照本项目竞赛规则、规程规定提供符合竞赛规则规定的竞赛场地(馆)和竞赛器材,制定赛区参赛指南、技术手册,制作竞赛秩序册、成绩册等。

第二十四条　为确保比赛顺利进行,赛区组委会应制定竞赛组织和安全工作等相关预案,并采取有效措施应对突发事件。

第八章　体育赛事赛区处分

第二十五条　承办《赛事名录》内和全国单项协会主办的其他体育赛事,如发生违规事件,全国单项协会应对赛区做出处分。对违规赛区的处分分为:警告,通报批评,取消申办、承办全国性体育赛事2—3年的资格。

第二十六条　发生以下情节,全国单项协会应当对赛区做出警告处分:对未能提供符合竞赛规则规定的场地(馆)、竞赛器材的;赛区组委会和有关专业机构不健全的;赛事组织和安全工作方案不完善的。

第二十七条　发生以下情节,全国单项协会应当对赛区做出通报批评处分:受到警告处分,拒绝整改或未能进行整改的;竞赛组织工作违背公开、公正、公平的竞赛原则,存在虚假比赛和违背体育精神的行为的;发生影响社会和公共安全以及体育赛事安全事件,造成较大社会影响的。

第二十八条　发生以下情节,全国单项协会应当对赛区做出取消申办、承办全国性体育竞赛2—3年资格的处分:因赛事组织和安全等工作疏漏,导致赛场比赛秩序严重混乱不能正常进行比赛的;发生危害社会和公共安全以及体育赛事安全事件,造成严重社会影响的。

第二十九条　全国单项协会在其体育赛事的竞赛组织和赛区管理工作中发生以上问题的,体育总局将依照有关规定对其进行处分。

第九章　附则

第三十条　全国单项协会和全国性行业体育协会可依据有关法律、法规和本办法制定本项目、本行业的体育赛事管理办法,以及商业性、群众性体育赛事监管的实施办法或实施细则。

第三十一条　开展职业联赛的全国单项协会可参照本《办法》自行制定职业联赛的管理办法或实施细则。

第三十二条　地方综合性运动会和单项体育赛事的管理,以及商业性、群众性体育赛事的监管,由各省(区、市)政府体育主管部门或地方单项协会依据地方法律、法规和参照本办法研究确定。

第三十三条　本办法自2016年3月1日起施行。

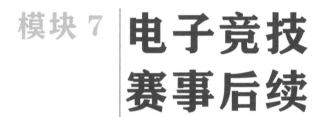

模块 7 电子竞技
赛事后续

项目1
电子竞技赛事的评估总结

知识目标

（1）了解电子竞技赛事评估的内容

（2）了解电子竞技赛事评估的具体步骤

（3）了解电子竞技赛事报告书的基本格式

开篇案例

临近年底,某游戏运营公司准备做年度工作总结。领导给新入职的小张一个任务,希望他对 2020 年公司主办的大型电竞赛事进行赛事后的评估,并写一份总结报告书,以便为公司下一年度的赛事运营提供参考。小张通过查阅资料,了解了电竞赛事评估的基本内容。他将搜集的数据资料制作成了一张张精美的图表,最后在公司前辈的帮助下,用严谨的格式写完了电竞赛事报告书,出色地完成了领导派发的任务。

◯ 任务1　电子竞技赛事评估的概念

任务目标

（1）了解电子竞技赛事评估的概念

（2）了解电子竞技赛事评估的三个阶段

任务描述

评估是一个十分宽泛的概念,评估可以是风险评估、环境评估、可行性评估、影响力评估等,那么电子竞技赛事评估是什么？本任务将会对电竞赛事评估的概念做一个大致的描述。

电子竞技赛事评估是指对电竞赛事的举办过程和效益进行整体评价的过程。电竞赛事评估按照时间顺序可划分为电竞赛事举办前的评估、赛事中的评估以及赛事结束后的评估三个阶段。电竞赛事前评估要考虑地理、交通、用户等因素,选择最佳、最可行的举办地点举办赛事。因此赛前评估是赛事可行性研究的主要内容,也是进行赛事规划的必要前提。赛中评估是指已经决定举办赛事的前提下,对正在进行的比赛进行监测评估以及调整,包括推广期、线上海选阶段、线下比赛阶段的诊断性评估,赛中评估可作为改进和提升赛事经营管理水平的依据。赛后评估是对赛事举办后的综合效益,如经济、社会、文化、体育绩效、赞助效益和赛事举办过程管理的合理性等进行的全面评估,是对赛事整体的总结,也是赛事主办方回报赞助商和社会的客观、公正评价。本模块所指的评估主要指赛事后的评估总结。

任务 2　电子竞技赛事后的评估内容

任务目标

了解电子竞技赛事评估的三个维度及其具体内容

任务描述

电子竞技赛事后的评估总结不是孤立的,作出客观评价需要结合赛事策划中的可行性分析和赛事执行等内容。在具体的评估中,评估者应根据赛事的具体情况选择需要评估的内容。

电竞赛事的评估内容上大致包括三个维度,即关注度、专业度、贡献度。三个维度下又有一些具体内容。

2.1　电子竞技赛事关注度的评估

2.1.1　媒体报道

新闻媒体是电竞赛事传播的重要途径,媒体报道效果评估是电竞赛事评估的重要一环。具体可从以下几点进行评估:

(1)是否受到政府官媒的重点关注。如《人民日报》对 2018 年英雄联盟全球总决赛中国队夺冠在其微信公众号以及新浪微博账号上进行了报道。

(2)是否受到国内外媒体的广泛关注,以及赛事发文量与媒体受众量等情况。

2.1.2　线上线下受众参与度

线上线下受众的参与程度是赛事评估的重要一环,与传统体育传播媒介不同,受国家政策影响,全国卫视不能播放电子竞技赛事,线上受众主要通过网络直播进行观看。线下受众参与度主要考量平均每分钟收视人数、同时观看人数峰值、观看总人数等。例如,2019 年英雄联盟全球总决赛上,官方统计称全球总决赛收视率再创新高,平均每分钟收视人数达到2 180 万,同时观看人数峰值为 4 400 万。

2.2　电子竞技赛事专业度的评估

2.2.1　赛事组织

赛事组织评估是评估体系中的重要一环,赛事组织一般包括电竞赛事的主办单位、承办单位、协办单位。主办单位往往决定了赛事的规模、赛事定位等一些重要内容。

2.2.2 赛事运营

赛事运营能力直接决定了电竞赛事的影响力和盈利状况,因此赛事运营能力评估是评估内容的核心。赛事运营的评估主要从赛事策划、赛事营销、赛事招商、赛事执行四个方面进行。这四个方面的评估要以目标为导向,考察这些方面的目标是否达成,过程是否顺利。

2.3 电子竞技赛事贡献度的评估

2.3.1 经济效益

经济效益的评估可以从直接消费、相关产业带动效应两个方面进行评估。电竞赛事的举办可带动吃、住、行、娱、购、游等不同方面的产业经济的发展(图 7.1)。

图 7.1 电竞赛事促进不同行业的经济发展

2.3.2 社会效益

电竞赛事可以产生多种社会效益,如提升举办地的知名度、促进当地电竞产业发展、丰富当地电竞文化等。

◎ 任务 3 电子竞技赛事后的评估步骤

任务目标

了解电子竞技赛事后的评估步骤有哪些

任务描述

电竞赛事后的评估是电竞赛事举办后的收尾工作,是对赛事的总结和反思,可以为往后的赛事举办提供参考。

3.1 电子竞技赛事后评估的准备工作

3.1.1 组建评估小组

评估小组的组建工作是赛后评估的首要工作。评估人员的组建涉及赛事运营的各个部门，同时由产品/版权方、承办方、供应商、合作方等单位的评估人员构成。评估小组设立小组组长，小组成员之间应相互配合、分工明确，确保评估的内容客观真实。

3.1.2 制定评估计划书

评估计划书应该包含评估计划以及评估标准。评估计划是为了让评估工作顺利合理地进行而制定的方案，主要包含评估目标、评估范围、评估内容、评估的方法手段、评估人员、分工流程、起止日期等。评估标准是根据需要，由赛事相关主体制定的评估对象的规格，如有些电子竞技赛事中，商务部就把赞助商进行分级，根据赞助金额大小分成 S 级、A 级、B 级、C 级等。

3.2 电子竞技赛事后评估的实施

3.2.1 搜集相关资料

资料搜集依据评估目标、评估范围、评估内容进行，并力求搜集方法的科学有效，保证数据的真实性。

3.2.2 归纳数据

要对搜集到的各类资料进行细致的审查以免发生偏差，再根据评估目标和内容对评估数据进行分类整理。

3.2.3 分析与评价

分析和评价的步骤应遵循先具体再总体、先单项再综合的原则。分析评价过程常使用一些工具，如前文提到的甘特表、财务报表等。

◎ 任务 4　撰写电子竞技赛事的评估报告

任务目标

（1）熟悉电子竞技赛事评估报告的格式

（2）能够简略地书写电子竞技赛事评估报告书

任务描述

通过前面的任务我们已经学会了如何评估电子竞技赛事，在本任务中我们将学习如何撰写一份电子竞技赛事评估报告。报告内容主要包括标题、前言、摘要、正文等。任务最后将给出具体案例。

4.1　标题

标题多以《×××××的评估报告》命名。

4.2　前言

前言一般要指出赛事的背景、评估的目的、评估的起止时间、评估的范围、评估的方法、评估小组的组成人员等。

赛事背景一般阐述赛事举办的原因、赛事评估的理论意义以及实践意义。

评估的范围一般较为繁杂,包括赛事的盈利情况、目标完成的程度、观众入座率、赛事影响力、赞助商参与程度、赞助商权益、广告宣传力度等,涉及比赛的方方面面。

在注明评估小组成员名单时,还应注明人员的具体职责。

4.3　摘要

摘要是对该报告成果概述性的总结,读者可以根据摘要快速了解报告的要点。

摘要内容主要包括赛事整体营运情况、评估的目的、意义和方法等。摘要书写语言应该具有概括性,统计数据应完整,结合采用结果性评价和过程性评价。

4.4　正文

正文是评估报告的主体部分,包括对各类数据指标的分析汇总、得出的结论、建议、对未来的展望等。下文以"MEST 武汉站赛事运营评估报告"为案例。

【案例】MEST 武汉站赛事运营评估报告

一、前言

(一)赛事背景

由中国移动通信集团公司主办的"MEST 移动电子竞技大赛"(Mobile Electronic Sports Tournament,简称 MEST),致力于为中国电竞事业发现并输送电竞精英人才,提高国内整体电竞水平,同时为更多年轻人提供一个圆梦的机会与平台。

(二)评估目的

本赛季旨在打造专业移动电竞赛事,倡导健康的高校电竞文化。通过传播互动、赛场娱乐等多种互动形式,重点增加赛事互动属性,以线上线下全方位多类型的宣传推广,强化赛事传播效果。

(三)评估范围

整个 MEST 武汉站赛事运营周期:9 月初—11 月底(包括:线上推广期、报名阶段、线上线下推广、线上线下赛、官网运营期）。评估范围包括三个部分：赛事执行、宣传推广、官网运营。

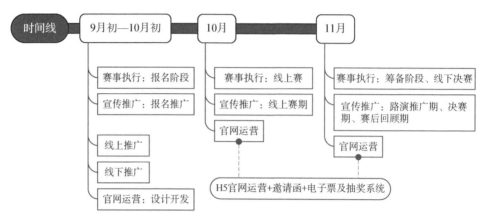

图7.2　MEST武汉站赛事运营周期

（四）评估小组

产品/版权方代表、承办方代表、供应商代表、合作方代表。

二、摘要

本次评估报告对MEST武汉站的赛事执行、宣传推广、官方运行三个方面进行了评估，评估小组对各类数据进行了汇总、分析、制图、总结。认为完整的赛事包装有利于加强赛事品牌的专业性，线上线下多种参与方式提高了观众参与程度，赛事的顺利举行提高了整个赛事运营的专业水准，对移动电竞赛事的发展具有促进作用。

三、正文

（一）赛事内容

MEST移动游戏电子竞技大赛由中国移动主办，称得上是规模最大、规格最高的移动电竞赛事之一。MEST赛事向来以低门槛、高奖金为特色，面向全国游戏玩家招募参赛者，分为赛区线上赛、赛区线下赛和全国总决赛，覆盖全国多个省市。MEST移动电子竞技大赛的湖北赛区总决赛选择在武汉进行，武汉市体育局副局长、群众体育处处长、湖北大学和武汉体育学院两位教授评委、武汉移动副总经理莅临现场，他们对中国电竞的未来表达了美好的期望。

（二）直播平台

MEST移动电竞大赛共设两个比赛项目，分别是王者荣耀、球球大作战，赛事组织者与各类直播平台进行了合作，包括触手TV、虎牙直播、龙珠直播、火猫直播、熊猫TV、战旗TV、全民直播、咪咕游戏、狮吼直播、斗鱼TV。

图 7.3　各类直播平台

（三）时间项目推进

本次赛事由线上线下两个周期组成，从推广前期到运营后期共计 65 天，具体推进时间如表 7.1 所示。

表 7.1　MEST 武汉站时间推进表

线上推广周期	9 月 25 日—11 月 30 日
报名阶段	9 月 1 日—10 月 23 日
线下 6 所高校地推	10 月 17 日—10 月 22 日
线上赛阶段	10 月 25 日—10 月 31 日
决赛日期	11 月 18 日
官网运营周期	10 月 18 日—11 月 30 日

（四）比赛项目

MEST 移动电竞大赛共设两个比赛项目，分别是王者荣耀、球球大作战。

（五）奖金设置

MEST 武汉站奖金合计 8 万元（充值卡），其中《王者荣耀》总计 4 万元、《球球大作战》总计 4 万元。

表 7.2　MEST 武汉站奖金设置　　　　　　　　　　（单位：元）

	王者荣耀	球球大作战
冠军	20 000	20 000
亚军	12 000	12 000
季军	8 000	8 000
总计	40 000	40 000

(六) 线上宣传数据

本次赛事线上传播总共分为 6 个时间段,具体传播媒体和推文包括:

1. 报名阶段:9 月 25 日—10 月 13 日,通信 38 家。社交媒体发稿 59 篇,其中百度贴吧 40 篇,QQ 群 10 个,豆瓣 6 篇,今日头条、知乎、NGA 各 1 篇。问答推送 5 条(百度知道)。

2. 线上赛开启阶段:10 月 13 日—10 月 20 日,通信 38 家。社交媒体发稿 27 篇,其中今日头条、知乎、NGA 各 1 篇,豆瓣 9 篇,QQ 群 5 个,百度贴吧 10 篇。问答推送 10 条(百度知道和今日头条各 5 条)。视频传播 3 部,其中 MEST 第二季宣传视频 1 部,MEST 第二季比赛直播片头 2 部。

3. 拉开帷幕阶段:10 月 21 日—11 月 3 日,通信 37 家。社交媒体发稿 18 篇,其中今日头条、知乎、NGA 各 1 篇,豆瓣 5 篇,百度贴吧 10 条。大 V 微博推送 1 篇。问答推送 10 条(百度知道)。

4. 总决赛开战阶段:11 月 4 日—11 月 16 日,通信 30 家。社交媒体发稿 12 篇,其中知乎、NGA 各 1 篇,豆瓣 5 篇,贴吧 5 篇。大 V 微博推送 1 篇。微信推送 1 篇。问答推送 10 条(百度知道和今日头条各 5 条)。

5. 总决赛进行阶段:11 月 17 日—11 月 18 日,大 V 微博 2 篇。主题视频传播 2 个。MEST 王者归来现场嘉宾邀请 30 位。赛事直播 11 个。

6. 落幕阶段:11 月 19 日—11 月 30 日,通信 67 家。MEST 赛事传统媒体发稿 9 家。社交媒体发稿 2 篇。问答推送 5 条。主题视频传播 2 个。

活动期间发布六大类型稿件 213 篇,覆盖媒体 86 家。稿件数量排名前五的类型如图 7.4,最受用户喜爱的是业务评论篇——"MEST 移动电子竞技大赛"湖北赛区圆满落幕,泛娱乐开启电竞新时代!

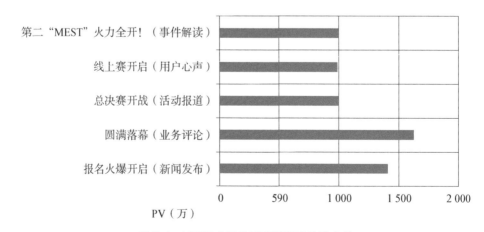

图 7.4　MEST 武汉站不同类型稿件发文量

本次赛事常规新闻曝光量影响人数共计 60 512 835 人,整体点击数量 18 503 813 次,在线上投放宣传中效果较好的前 10 家网站分别是 178、18183、5G 超玩、游迅网、vpgame、新浪、52pk、蚕豆网、电玩巴士、17566,详细曝光数据如图 7.5 所示。

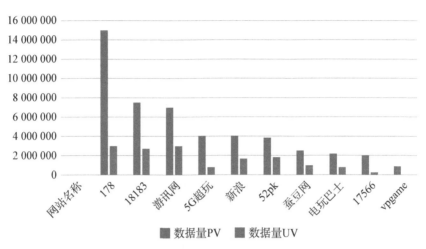

图 7.5　MEST 武汉站网络媒体传播数据传播较好的前 10 家网站

在新媒体的传播方式上,新浪微博总浏览 242.1 万次,转发 84 221 次,评论 3 541 条,点赞 3 528 次。在微信公众号上,通过微信大咖"BB 姬"(74W＋粉丝)与赛事官网同步宣传联合活动,活动单次阅读量 51 384＋,点赞数 2 177＋,评论量 234＋。

MEST 精准锁定了高校用户聚集的 SNS 社交媒体来传播赛事相关内容,主要通过高校贴吧、QQ 群、问答、游戏论坛、豆瓣和知乎等,覆盖高校用户 7 128 254 个。贴吧发稿 65 篇,覆盖高校 49 所。豆瓣、知乎、今日头条等 39 篇,豆瓣和知乎占比 77%,覆盖豆瓣小组 12 个。投放 QQ 群讨论 18 轮,维护百度问答和今日头条问答 40 组。

在《王者荣耀》的 16 进 4 线上比赛中,赛制 BO1 的实际场次 12 场,最终决出 4 支战队进入线下赛,在线观看人数累计 3 963 970 人,期间平均观看人数 330 331 人,详细观看数据如图 7.6 所示。

在《球球大作战》线上 12 进 6 比赛中,赛制 BO3 的实际场次 6 场,最终决出 6 支战队进入线下赛,在线观看人数累计 2 242 827 人,平均观看人数 373 805 人,详细观看人数如图 7.7 所示。

在决赛阶段,共有 7 家直播媒体同时直播,观看人数每场 268 472 人,百视通APP、IPTV 累计观战人数达百万级。

(七) 线下宣传阶段

地推周期:10 月 17 日—10 月 22 日,为期 6 天,覆盖当地 6 所高校。宣传单悉数

图 7.6 MEST 武汉站《王者荣耀》线上直播观看数详情

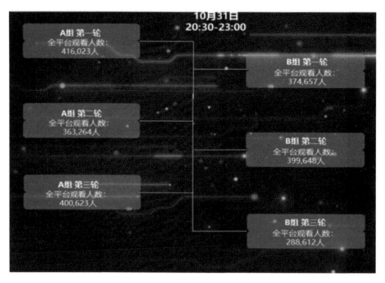

图 7.7 MEST 武汉站《球球大作战》线上直播观看数详情

发放,海报 4 联无缝张贴,派发、张贴地点选在主干道、宿舍宣传栏、教学楼、食堂、操场等人流密集处。

表 7.3 线下宣传组织形式及发放时间

学校	宣传形式	执行物料		执行时间
		宣传单	海报	
武汉体育学院		6 000 张	90 张	2017 年 10 月 17—19 日
武汉大学		2 000 张	30 张	2017 年 10 月 18 日
武汉传媒学院	海报张贴 + 宣传单发放	2 000 张	30 张	2017 年 10 月 19 日
武汉科技大学		2 000 张	30 张	2017 年 10 月 20 日
武汉理工大学		2 000 张	30 张	2017 年 10 月 21 日
文华学院		2 000 张	30 张	2017 年 10 月 22 日

（八）线下赛事执行

在线下场地的布局上，分为四个板块（主舞台、解说台、总控台、宣传体验单元），主舞台面积大于 200 平方米，舞台区纵深 6 米以上，舞台区进行模块化搭建，可拆卸模块同时满足两个比赛项目的需求。解说台搭建上拥有独立灯光、音效系统，可以满足直播、拍摄的要求。总控台在舞台正面，拥有专业场控对接，满足摄影、直播、导播的需求。宣传体验单元设置了 1 组游戏体验单元、1 组咪咕互动单元、1 组中国移动业务展示单元、1 组 OPPO 互动单元。

图 7.8　MEST 武汉站场馆内外的氛围布局

（九）赛事设计、开发与营运

MEST 赛事官网贯穿整个武汉、天津赛区的推广和运营，截至 2017 年 11 月 31 日，官网浏览数达到 2 163 177 次，总计访客数达 1 877 982 人，整个活动期间关注量非常庞大。线下比赛的专家邀请，以及线下观看的票券都是由线上的形式来实现的。

（十）整体赛事亮点总结

1. 完整的赛事包装，提升赛事专业感

整个赛事的设计包装较为完整，线上线下的宣传页面的设置、LOGO 的设计、色彩搭配、赛事的装饰设计以及直播的包装、战队包装都为观众呈现出科技感、时尚感，提升了赛事专业品牌的形象。

2. 全方位媒体矩阵，传播效果超预期

通过各类资料的汇总分析可知，网络媒体发稿量 213 篇，覆盖媒体 86 家。页面浏览量 60 512 835 次，独立访客 18 503 813 个。新媒体微博总浏览量 242.1 万，转发 84 221 次，评论 3 541 个，点赞 3 538 个。微信单次活动传播阅读量 51 384＋，点赞数

图 7.9 MEST 武汉站赛事包装

2 177＋,评论量 234＋。社交媒体、高校贴吧、QQ 群、问答、豆瓣和知乎等的页面浏览量 7 876 938。直播媒体线上赛直播 18 场,推送至 9 家直播平台,单场平均观看量 337 004。决赛直播推送至 6 家直播平台,观看量 268 472。3 个户外直播间,观看量 219 886。联合传统媒体 8 家。决赛阶段共制作宣传片及主题视频 5 部,于赛事各阶段投放至 8 家视频媒体。地面推广为期 6 天,在当地 6 所高校张贴海报、派发传单。

通过各类媒体的共同传播,达到了可观的关注度,为赛事的成功举办奠定了坚实的基础。

3. 线上线下互动方式多样,关注参与度高

活动线下主要有 COSER 扮演互动、水友赛互动、舞台秀互动等活动,线上互动主要有微信小程序互动、线上抽奖互动、游戏直播互动等。互动的多样性调动了观众参与的积极性,提高了赛事观众的体验感。

实战训练

写出电竞赛事后评估的步骤和内容。

项目 2
电子竞技赛事后的推广

知识目标

（1）了解电子竞技赛事后的推广方式

（2）了解电子竞技赛事后媒体报道的注意事项

开篇案例

2020 年由于流行病防控需要，某大学的学生们在家通过线上的方式上课。小明作为电竞社的社长，想要打破地域限制，丰富社团活动，于是他向大学团委申请举办"线上校园王者荣耀争霸赛"，此举获得了校团委的支持。比赛前电竞社成立了专门的赛事组委会，很快就制定了详细的比赛计划。

让人意想不到的是这次线上手游比赛十分成功，吸引了校内同学们的积极参加。为了借机宣传社团，扩大赛事影响力，小明赛后成功邀请了当地的新闻媒体前来采访报道，并通过微博、抖音、微信等社交平台对赛事过程进行了宣传，取得了很好的赛事推广作用。有了这次成功的经历，他决定明年继续举办这项赛事，并有信心扩大赛事规模。

◯ 任务 1　电子竞技赛事后的推广方式

任务目标

能简略说出电子竞技赛事后媒体推广的方式

任务描述

电子竞技赛事后的推广也是赛事运营的一个重要方面。赛事后的推广方式也往往是多种多样的。

1.1.　举办新闻发布会

新闻发布会是赛事方向新闻界公布信息，借助新闻提升赛事形象的会议。在会议中可安排记者采访有名的电竞选手，增加新闻的吸引力。有时采访电竞选手的环节被安排在赛事后的赛场边进行。

1.2　发布各式推文

可利用各类网络媒体平台，发布赛事文字、图片、视频等，做进一步赛事后推广。推文标题应醒目简短,文字内容不宜过长。

1.3 调查受众满意度

调查受众满意度的目的是改进赛事举办的不足之处,为下一次赛事举办奠定基础,同时进一步宣传赛事,加深受众印象,建立与受众的良好关系。调查方式多种多样,包括随机采访、调查问卷、有奖问答等。在做调查时,应遵循自愿原则,尊重受众的隐私,树立良好企业形象。

1.4 主持播报

主持播报主要是对后续赛事进行介绍,达到赛事预热的效果,在播报时不宜将预期效果说得过满,应尽力保持受众对于赛事的热情和神秘感。

任务 2 电子竞技赛事后媒体报道的注意事项

任务目标

能够简略复述电子竞技赛事后媒体报道的注意事项

任务描述

合理利用媒体报道,对赛事推广十分重要。然而媒体报道涉及较多专业知识,本任务只在"对人"的要求上做简略说明。

2.1 选择合适的新闻发言人

赛事新闻发言人是外界与赛事活动的"润滑剂",本身应具备良好的社会形象,能够通过新闻发布会准确地介绍赛事信息。因此赛事新闻发言人应该是了解赛事信息的专业人士。

2.2 对被采访者进行培训

被采访者包括教练员、运动员、工作人员等,在接受媒体采访时他们可能会出现语言不当、仪表不整、紧张等问题,因此需要在被采访前对他们进行培训,让他们能够从容端庄地表达合适的观点。

模块思考题

(1)搜集资料,尝试针对某件电子竞技赛事写一个评估报告。

(2)如果由你来负责某项电子竞技赛事的赛后推广工作,你会如何推广?

(3)说一说不同类型的媒体平台对电子竞技赛事推广的作用。

参考文献

［1］罗宇昕,李书娟,沈克印.体育竞赛表演业的数字化革命:电子竞技职业化的时代困境和未来展望[J/OL].中国体育科技:1—5[2020-12-09].https://doi.org/10.16470/j.csst.2019187.

［2］王煜,刘绮黎.魔都体育赛事有多强:图解《2019年上海市体育赛事影响力评估报告》[J].新民周刊,2020(20):48-49.

［3］梁波,李伟,李峻峰.城市承办大型体育赛事生态风险评估体系的构建研究[J].成都体育学院学报,2020,46(02):34-41.

［4］朱华桂,吴超.大型体育赛事风险评估研究——以南京青奥会为例[J].体育与科学,2013,34(05):22-26+30.

［5］黄海燕,张林.体育赛事综合影响框架体系研究[J].体育科学,2011,31(01):75-84.